EL VIAJE DEL ANTIHÉROE EN EL VIDEOJUEGO

EL VIAJE
DEL ANTIHÉROE
EN EL VIDEOJUEGO

El viaje del antihéroe en el videojuego

ISBN: 978-84-19084-72-9

Depósito legal: SE 2124-2023

©2024 Ediciones Héroes de Papel, S.L., sobre la presente edición

P.I. PIBO. Avda. Camas, 1-3. Local 14. 41110

Bollullos de la Mitación (Sevilla)

Autor: Alfonso Freire Sánchez

Diseño: Miguel Ángel Lucha Márquez

Edición: Ricardo Martínez Cantudo

Corrección: Isaac López Redondo y Daniel García Raso

Este libro está dedicado a esas maravillosas obras de arte digital que nos permiten vivir experiencias únicas e inolvidables. A esos cuadros virtuales e interactivos que nos emocionan y nos hacen sentir partícipes de historias fantásticas, épicas, trágicas, nostálgicas e irrepetibles. Pero, sobre todo, está dedicado a todas esas narrativas audiovisuales que nos han presentado personajes profundos, oscuros, imperfectos, ambivalentes y resilientes. Seres llenos de ira, orgullo y rabia que han clamado venganza impulsados por nuestro mando, provistos de nuestra fuerza, constancia y valor para enfrentar a cualquier enemigo o fuerza que se presente ante ellos (y ante nosotros).

ÍNDICE

PRÓLOGO

- START -

Empiezo agradeciendo a Alfonso Freire que haya pensado en mí para la escritura de este prólogo. Coincidimos en la Escuela de Nuevas Tecnologías Interactivas (ENTI) de la Universitat de Barcelona hace ya algunos años. Nuestro punto de unión fue la impulsión de un máster en el que cobraba protagonismo el videojuego y su capacidad para desplegar universos narrativos transmedia. Como docente de dicho máster, Alfonso me ayudó a apaciguar las ansias de conocimiento de nuestros estudiantes, disruptivos y creativos a partes iguales, y lo hizo sumándose a un proyecto educativo peculiar por su multidisciplinariedad y complejidad. Su pasión por el *género de géneros* dejó impronta, mucha. Las clases, las actividades y todo cuanto aconteció se sucedieron entre bits y bytes, repletos de historias y de relatos con innumerables opciones argumentales al más puro estilo Ron Gilbert y, por supuesto, la construcción de personajes atípicos y memorables. Como todos los que protagonizan cada capítulo de este libro. Es precisamente por este motivo que doy las gracias a Alfonso por pensar en mí para el presente prólogo, puesto que he disfrutado de todo tipo de personajes con ciertos rasgos antiheroicos desde muy niño.

Empecé en este sector con una consola clon del videojuego *Pong* de Atari y, de ahí, salté al microordenador de 8 bits ZX Spectrum de Sinclair para pasar, poco tiempo después, a un Commodore Amiga de 16 bits. La primera consola que llegó a mis manos fue la Game Boy, concretamente el primigenio modelo tipo *ladrillo* de color gris. En los años posteriores, mis aventuras digitales se llevaron a cabo en un PC 286, después en un

486, más tarde en un Pentium, hasta un AMD K7. Paralelamente, realizaba incursiones por Nintendo DS, las *playstations* y multitud de videoconsolas... hasta hoy.

En retrospectiva, puedo afirmar que anduve y todavía lo hago, de la mano de antihéroes y antiheroínas presentes en todas esas máquinas maravillosas que sirven para contar historias interactivas: Thanatos el dragón con mi Spectrum; Aarbron, una bestia antes humana, en *Shadow of the Beast* (Psygnosis, 1989) para el ordenador de Commodore Amiga, o Alice, de *American McGee's Alice* (American McGee, 2000), en alguno de los PC mencionados anteriormente. Hace cuarenta, treinta o veinte años respectivamente de todos esos personajes que sembraron la simiente de los antihéroes contemporáneos en la industria del videojuego. El caso era andar entre personajes que nos atraían por su singularidad, por salir de las típicas concepciones, por su oscuridad, por sentirse reales y, de alguna forma, familiares y deliciosamente imperfectos.

Mi pasión por estos personajes se remonta a la literatura, concretamente a una época en la que leí todas las obras de Stephen King. La *vocecita interna* que clama en las cabezas de casi todos sus personajes, y por ende, de quien los lee, me rondaba a todas horas. Claros y oscuros. Subidas y bajadas. Dudas y convicciones. En definitiva, como la vida misma. Muy de antihéroe. Niveles de gris y nada de binarios. Y claro, cuando se deambula durante mucho tiempo con un autor o autora, se termina acercando a sus rarezas literarias. Y eso me llevó a leer *La Torre Oscura*, esa saga de libros tan peculiares, por distintos y genuinos, de todo lo demás que ha acontecido bajo la pluma del escritor de fantasías. Cuando lees estas novelas, lo haces desde la dimensión creativa, la apertura de miras y la flexibilidad total. Siempre voraz de situaciones trágicas y peculiares que ocurren en esos mundos de ficción donde todo está un poco trastocado y caótico. Precisamente en esos libros se nos regala un personaje que me cautivó desde la primera página del primer volumen y hasta el total de más de 4000 páginas, ya en el octavo. Se trata de Roland

Deschain, el pistolero, una suerte de *cowboy* que realiza incursiones entre mundos distópicos de pasado, presente y futuro en constante lucha contra su homónimo: el Hombre Oscuro. Roland es un antihéroe; íntegramente cumple con la mayoría de las características del arquetipo antiheroico que Alfonso nos presenta maravillosamente en este libro. Y resulta que en el primer volumen de la colección realiza una afirmación, harto poderosa, que conecta totalmente con la presente obra. Dice así: «Cuando los traidores reciben el apelativo de héroes (o los héroes el de traidores, se dijo reflexivamente), es que debe de haber caído una época oscura sobre el mundo. Una época oscura, sí». Nada es lo que parece.

Bienvenida sea la oscuridad si nos va a traer personajes del videojuego que comparten rasgos con Roland Deschain como, por ejemplo, Bayonetta, Max Payne, Dante, Conker, Geralt de Rivia, Arthur Morgan, Joel Miller o Ada Wong. Todas ellas y ellos son antiheroínas y antihéroes. Transitan entre claroscuros, son ambivalentes y despolarizados, pues no podemos encasillarlos ni en el lado de la ley y el orden, ni en el del caos y la injusticia. Siempre tienen la suficiente profundidad narrativa para poder sorprendernos. Y por ello son tremendamente reales aún situados en el plano de lo fantástico y la ficción. La antiheroína o el antihéroe se equivoca, duda, trastabilla, aprende, desaprende y vive para aprender del error y cuestionarlo todo y a uno mismo. No podemos más que empatizar por ese humanismo, su oscuridad y su capacidad para evolucionar y no querremos alejarnos de su historia, sin importar el formato en el que puede ser narrada: serie, redes sociales, documental, cine, novela, videojuego o a través de muchos formatos si se trata de una narrativa transmedia.

Aunque siempre existe el debate sobre el eterno equilibrio entre continente y contenido, en este libro, Alfonso nos habla de lo segundo. Y lo celebro porque, si bien existe un generalizado discurso que pondera la tecnología sobre la narrativa, en la realidad no es así. A menudo se nos empaña la mente con el poder de las herramientas matemático-tecnológicas, tan interesantes como necesarias y aplicadas, como la inteligencia artificial, la ciencia de datos, las tecnologías inmersivas y el metaverso o las redes sociales son la base de nuestros quehaceres presentes y futuros. Necesarias son, por supuesto, pero para nada dueñas de nuestras pesquisas mentales. Y es que para ello se requiere de contenido potente que las surta y de historias que valga la pena ver, leer o escuchar y que, a modo de cartucho si se me permite la *retrorreferencia*, se inserten en estas «consolas» contenedoras de contenido cuyos relatos están protagonizados por personajes *que nos creemos ser*. Yo empecé con la maquinaria hace un tiempo ya. Recuerdo la estación Silicon Graphics que estuve programando allá por 1992 en el Museo de la Ciencia de Barcelona y que ya venía dotada con unas gafas estereoscópicas 3D; o el casco de realidad virtual modelo VFX 3D que adquirimos en la universidad en 1998 y que programamos con lenguaje C y en resoluciones bajísimas de 640x480 puntos; o el software 3D Webmaster de finales de los noventa que utilizamos para crear escenarios transitables e interactivos. Estos y tantos cacharros maravillosos que fueron apareciendo en el mercado años después, desde las gafas i-Glasses, los sensores de Ascension, el mando de la consola Wii o la cámara con sensor de movimiento Kinect, hasta llegar a los actuales sistemas de interacción. Cada vez más ergonómicos, económicos, inalámbricos e hiperconectados mediante wifi y *bluetooth* a nuestras tabletas y teléfonos inteligentes. ¡Grandísimos avances! Aunque vacíos de contenido, por ser continentes. Pero no los condenemos, no es culpa suya. Fueron creados vacíos y somos nosotros y nosotras, los creadores y creadoras de historias, los que podemos poner remedio mediante historias protagonizadas por grandísimos y memorables antihéroes y antiheroínas. Gracias de nuevo, Alfonso, por recordarnos este hecho y por poner el acento en lo que realmente trasciende: el contenido, los relatos, el subtexto y la trama y los personajes.

Termino, con lo de siempre: lo relevante es que podamos seguir contando historias alrededor de un fuego que puede ser real, virtual o aumentado. Y que si estas se tercian sobre este tipo de personajes, mejor. Porque nos quedaremos a escuchar de *pe* a *pa*.

Bienvenido sea este libro, Alfonso. Le doy paso a Ellie, Kratos, Big Boss, Marcus Fenix, Dante, Bayonetta y compañía.

- NEXT LEVEL –

DR. OSCAR GARCÍA PAÑELLA
Gamer y lector desde los 7 años

 Sobre el prologuista:

Oscar García Pañella es doctor por La Salle-URL y posdoc en el Entertainment Technology Center de Carnegie Mellon University. Es director académico de la Escuela de Nuevas Tecnologías Interactivas (Universitat de Barcelona), además de consultor en Gamificación y socio en Cookie Box. Dirige el primer máster *online* en Gamificación a nivel estatal (IEBS) y es coordinador del área tecnológica de la nueva universidad EUNEIZ. Participa en proyectos europeos de investigación (GameWise, jamToday, GameBIZ, Robogenius, Playing for Real, interSTEM, entre otros).

INTRODUCCIÓN

ES TIEMPO
DE ANTIHÉROES
Y ANTIHEROÍNAS

El ojo siempre se ve atraído por la luz,
pero las sombras tienen más que decir.
Gregory Maguire, escritor.

En 1949, Joseph Campbell hizo algo maravilloso, creativo y original que cambió la historia para siempre: propuso el *monomito* o *viaje del héroe*. Se trata de una estructura mítica basada en patrones narrativos que, tiempo después, establecería parte de las bases de la cinematografía, la escritura de guiones, innumerables cómics, novelas de aventuras y, en general, infinidad de historias que se han narrado desde la segunda mitad del siglo xx hasta nuestros días. ¿Cómo lo consiguió? Campbell, mitólogo, antropólogo y profesor estadounidense, realizó numerosos viajes por los confines del mundo, conoció el neodarwinismo, estudió a Sigmund Freud y se dejó cautivar por la obra de Carl G. Jung y sus teorías sobre el inconsciente colectivo y los arquetipos. Campbell también investigó otras culturas, algunas indígenas; se interesó por sus dioses, por sus creencias y costumbres. Hizo lo propio con el arte y, en general, con las manifestaciones culturales de numerosas civilizaciones de Europa, Asia y Sudamérica. El mitólogo descubrió que en todas las culturas existían una serie de patrones narrativos que se repetían al unísono, aunque con diferentes interpretaciones y representaciones artísticas. Al realizar un estudio comparativo de las historias, cuentos y relatos populares, observó que la mayoría poseían una estructura muy similar. Ese hallazgo le llevó a esquematizar y catalogar cada etapa, conformando así el denominado viaje del héroe.

¿Cómo trascendió al sector de los videojuegos? En los años posteriores a la Segunda Guerra Mundial, los investigadores y eruditos debían hacer acopio de grandes cantidades de conocimiento y notas que, posteriormente, les permitieran transferir todos sus hallazgos y conclusiones mediante clases magistrales, conferencias y libros. Un trabajo verdaderamente heroico. Campbell así lo hizo; su constancia y resiliencia dieron como fruto una de las obras más influyentes en su campo: *El héroe de las mil caras* (1949). Contenido en dicho libro, el *monomito* o viaje del héroe trascendió generaciones, medios y formatos, llegando incluso muchas décadas después a los videojuegos.

Consciente o inconscientemente, los guionistas y desarrolladores del sector del videojuego reprodujeron el viaje del héroe de Campbell en multitud de obras y sagas. Muchos héroes y heroínas reconocibles han trazado ese viaje y sus etapas: Super Mario, Sonic, Gordon Freeman, Link, Jefe Maestro, Samus Aran, Lightning, Ryu, Megaman, Ryo Hazuki, Jill Valentine, Sora, Aloy, Leon S. Kennedy, Spyro o el Príncipe de Persia, entre otros. También hay otros personajes que, por norma general, pueden considerarse heroínas y héroes, aunque sus oficios les alejen de la ley o del sendero heroico, como, por ejemplo, cazadores de tesoros como Lara Croft (saga Tomb Raider) o Nathan Drake (saga Uncharted). Sin embargo, pronto reciben la llamada de la aventura y cumplen con el viaje del héroe a la par que sus rasgos y hazañas son totalmente heroicos, altruistas y desprovistos de maldad o ira.

Durante las primeras décadas de este ocio digital, esa fue la fórmula narrativa que siguieron la mayoría de las obras. Aunque, como se afronta en el primer capítulo de este libro, las aventuras gráficas empezaron a introducir personajes que ya no encajaban con algunas etapas de esta estructura mítica ni sus patrones. Se empezaban a ver los primeros atisbos de discrepancia entre el heroísmo tradicional y su encaje y desarrollo en los protagonistas. Del mismo modo, la introducción del jugador como activo de la historia en la toma de decisiones, introdujo un nuevo abanico de posibilidades literarias e interactivas que permitían empezar a evadir este corsé estructural.

INTRODUCCIÓN

Qué mejor forma para afrontar otra dimensión narrativa que mirar más allá de la luz: «El ojo siempre se ve atraído por la luz, pero las sombras tienen más que decir[1]». Así reza la cita que se ha escogido para introducir la presente obra, escrita por Gregory Maguire, autor *best seller* de novelas de fantasía. Teniendo a bien sus palabras y tras décadas de esfuerzo y sacrificio por parte de millones de *gamers* combatiendo en el lado de la luz, la sombra proyectada por los héroes que han manejado en sus mandos ya empieza a ser demasiado alargada y oscura. Esa oscuridad tiene *mucho que decir* y, por ello, se está sublevando y está llamando progresivamente con mayor intensidad a las puertas del sector.

A razón de estos hechos, en la última década ha surgido un fenómeno inesperado. Un hecho tan maravilloso como lo fue el descubrir que muchas civilizaciones y culturas repetían los mismos patrones narrativos, los estereotipos heroicos tradicionales y la esquematizada y bipolarizada lucha entre el bien y el mal. Algo ha cambiado, algo sigue cambiando y se desconoce qué deparará. Pero, sin embargo, es posible unir las piezas del puzle para llegar a la siguiente hipótesis: *La estructura mítica del monomito se rompe con demasiada asiduidad y las propuestas creativas responden a una sociedad hastiada de ver a protagonistas excesivamente perfectos, virtuosos e idealizados que no les representa.*

Paralelamente, las comunidades de *gamers* demandan un mayor trasfondo narrativo, buscan segundos y terceros sentidos a un relato que se desarrolle mediante numerosas capas. giros y subtramas. A su vez, exigen una mayor implicación del sector con los problemas sociales de actualidad. Y, en adición, el éxito de sagas como The Last of Us, Grand Theft Auto, Red Dead Redemption, God of War, Gears of War o The Witcher, demuestran que se ha alcanzado un nuevo grado de evolución y madurez en la industria. Este hecho se revela como una apuesta por los relatos ricos y profundos que sean capaces de proyectar la luz de los personajes, pero

---

1   Maguire, G. (2018). *Hiddensee*. Editorial Digital Titivillus.

también sus sombras, sus adicciones, sus vicios, su duelo, sus errores, sus problemas de salud mental o las complejidades de las relaciones interpersonales.

Todo ello dibuja un escenario donde el heroísmo clásico y tradicional y los patrones narrativos estructurales y convencionales se desdibujan. Por tanto, parafraseando paradójicamente al propio Campbell en su obra *El poder del mito* de 1988, no será posible ser creativos a menos que se deje atrás aquello que limita a las mentes: las reglas. Por ende, es tiempo de romper los límites y trazar un nuevo viaje literario e inmersivo que pocos se han atrevido a transitar y, menos aún, en una aventura basada en la motivación y personalidad de los protagonistas de la historia del videojuego: *el viaje del antihéroe en el videojuego*.

¿Qué puede aportar el autor a este viaje narrativo?

En 2022 se publica *Los antihéroes no nacen, se forjan: arco argumental y storytelling en el relato antiheroico*. Una obra a camino entre la investigación científica y la divulgación que potencialmente sienta las bases teóricas sobre qué es un antihéroe o antiheroína y cuáles son sus principales rasgos y sus orígenes literarios. De la misma manera, el libro establece una original clasificación en siete tipos de antihéroe o antiheroína. Acto seguido, propone un análisis en profundidad de algunos de los personajes antiheroicos más relevantes de las narrativas transmedia contemporáneas que protagonizan series y películas. Personajes como Tommy Shelby de *Peaky Blinders* (Knight, 2013-2022), Jax Teller de *Sons Of Anarchy* (Sutter, 2008-2014), Tyrion Lannister de *Game of Thrones* (Benioff y Weiss, 2011-2019) o Mad Max de las cuatro películas basadas en su relato. Además, profundiza en otros personajes más populares y transversales como Black Widow, Deadpool, Punisher, Wolverine, Black Cat, Wanda Maximov o Ghost Rider de Marvel, la última versión cinematográfica de

Harley Quinn del Universo Extendido de DC Comics o Hellboy de Dark Horse Comics, entre otros. Finalmente, el escrito propone las etapas del viaje antiheroico en contraposición a la estructura mítica de Campbell, actualizada por Christopher Vogler y otros autores.

No obstante, la presente obra: *El viaje del antihéroe en el videojuego*, no es una continuidad del anterior libro. Tampoco es un *remake*, ni un *remaster* ni siquiera puede considerarse un *spin-off*. Por el contrario, aunque establece puentes de conocimiento, se trata de un producto nuevo, original e independiente. En concreto, la presente obra ofrece una visión divulgativa, cercana y profana de los personajes antiheroicos y se centra únicamente en el sector de los videojuegos. Está especialmente dirigida a *gamers*, amantes del videojuego y apasionados de las historias y de los universos narrativos a los que pertenecen. Se dirige a lectores que quieren conocer la parcela más oscura y omitida de los personajes antiheroicos del sector. A todos aquellos que quieran entender su complejidad e introducirse en aspectos y curiosidades que puedan expandir y enriquecer la experiencia de juego y proponer nuevas preguntas y teorías sobre el *lore* y el trasfondo literario del centenar de títulos tratados. Se establece, por tanto, una original propuesta que aúna la historia del videojuego, las biografías y motivaciones de los personajes antiheroicos con la intrahistoria, el contexto y el subtexto de cada videojuego o saga tratada.

Como consecuencia, este periplo literario se basa en investigaciones y estudios de profesionales y medios especializados del sector, en creadores de contenido contrastados y en la opinión del *fandom*. Además de todo ese contenido que se ha recopilado en anotaciones durante un largo periodo, el libro también se inspira en las vivencias de toda una vida muy próxima al sector. A través de diferentes vertientes y roles, se ha podido disfrutar de miles de historias desplegadas en pequeñas obras audiovisuales. Estas encuadran desde mediados de los años ochenta a través de videojuegos como *Camelot Warriors* (Dinamic Multimedia, 1985), *Saboteur!* (Sim Fabric, 1985), *Dustin* (Dinamic Software, 1986), *La*

Abadía del Crimen (Opera Soft, 1987) o *The Barbarian* (Palace Software, 1987), hasta los actuales *Halo Infinite* (343 Industries, 2021), *God of War: Ragnarök* (Sony Santa Monica, 2022), *Horizon Forbidden West* (Guerrilla Games, 2022), *Marvel's Midnight Suns* (Firaxis Games, 2022) o *Elden Ring* (From Software, 2022). Una experiencia de casi cuatro décadas como jugador, que ha estado presente en prácticamente todas las generaciones de consolas y en ordenadores[2].

Para poder transferir todos los hallazgos, reflexiones y aportaciones, la obra viene estructurada en veintitrés capítulos, cada uno de ellos protagonizado por uno, dos o más antihéroes o antiheroínas. En cada capítulo se introduce a los personajes desde su contexto, prestando especial atención a aquellos aspectos o rasgos antiheroicos que los categorizan e identifican. Se propone una lectura diferente que relaciona la construcción de dichos personajes, su *leitmotiv* y su arco argumental con aspectos psicológicos, filosóficos y antropológicos, aportando así una mirada original e inédita que seguramente sorprenderá a los lectores. Pero antes, es necesario introducir el concepto de antihéroe y presentar brevemente a los protagonistas.

A los mandos de un antihéroe

Algunos jugadores se preguntarán qué es un antihéroe y cómo se puede diferenciar de un héroe, un villano o un antivillano. Para responder a estas preguntas, se recurre al complejo pensamiento de uno de los grandes antihéroes de la historia de los videojuegos: Geralt de Rivia, conocido como *lobo blanco*, *carnicero de Blaviken* y *cazador de monstruos*, entre otros apodos y alias. Geralt es el principal protagonista de la exitosa trilogía de

....

2   Concretamente, esta experiencia engloba los siguientes sistemas: Spectrum Sinclair, Commodore, NES, Game Boy, Game Gear, Master System, Mega Drive, Mega Drive CD, Super Nintendo, Neo Geo, Sega Saturn, Nintendo 64, DreamCast, Game Cube, Xbox, Xbox 360, Xbox One, Xbox Series X y todas las generaciones de la consola de Sony, desde PS One hasta PS5.

videojuegos *The Witcher*, creada por CD Projekt, y de su serie homónima de Netflix. Del mismo modo, también es el personaje más importante de las novelas del escritor polaco Andrzej Sapkowski, creador del personaje. Convertido en brujo mediante mutaciones y alquimia, se dedicó a cazar monstruos y seres despreciables, aunque en ocasiones encontraba más maldad y bajeza en los humanos. Tras años de innumerables aventuras, en uno de los retazos filosóficos que suele expresar mediante parcas y enigmáticas frases, Geralt afirma: «Toda luz produce sombra y la sombra dificulta la orientación. Hay que luchar siempre en las tinieblas, bajo la luz de la luna o de las estrellas[3]». El brujo había aprendido que sus decisiones y actos, por muy justas que parezcan, iluminan y oscurecen los corazones por igual. Del mismo modo, provocan numerosas consecuencias que lo acercan moralmente tanto hacia el bien como hacia el mal. Geralt es conocedor que detrás de cada humano, mutante o bestia, se esconde fuego y oscuridad, esperanza y muerte. Las buenas historias no dividen y polarizan a sus personajes entre buenos y malos. ¿Acaso la vida lo hace?

El hecho de que toda luz proyecte sombra, además de describir un principio físico innegable, también alude a un pensamiento recurrente en filósofos y dramaturgos que se han detenido a reflexionar sobre la dialéctica entre el bien y el mal, sobre la polaridad maniqueísta existente entre la luz y las sombras. Tanto es así que, en una de las muchas entrevistas acerca de sus relatos, George R.R. Martin, autor de la saga de novelas *Canción de hielo y fuego*, adaptadas a la serie *Game of Thrones* y a su precuela *House of Dragons*, asegura que *la llama más brillante es la que proyecta la sombra más oscura*. De nuevo, el mismo pensamiento. Quizás Martin se refería a Daenerys Targaryen con dicha afirmación, aunque son muchos los personajes que, a lo largo de sus relatos, viajan de la luz a la oscuridad y viceversa. Asimismo, Son Goku, protagonista de las diferentes series de *Dragon Ball* y uno de los grandes héroes del *manganime*, afirma que

....

3   *The Witcher III: Wild Hunt* (CD Projekt, 2015).

mientras existan guerreros que luchen por el bien y la luz, surgirán enemigos desde las sombras que querrán batirse a muerte con ellos. Mientras exista el bien, existirá el mal y, entremedio, están los antihéroes y las antiheroínas, aquellos que, por lo general, odiamos amar y amamos odiar.

Esta dialéctica o ambivalencia se entrelaza con una de las mentes más influyentes del siglo XX, el psicólogo Carl Gustav Jung, quien afirma que enfrentar a una persona contra su propia sombra es mostrarle su verdadera luz. Según Jung, las sombras son aquella parte del subconsciente humano donde, inconscientemente, se albergan todos aquellos pensamientos, pulsaciones e instintos que se han reprimido desde que éramos niños y niñas, tanto por la educación recibida y por los códigos sociales como por la presión externa o la autoimpuesta. En las sombras también podrían albergarse recuerdos, experiencias o sentimientos derivados de traumas. Es posible decir, metafóricamente hablando, que es el *cajón de sastre* de la conducta y la personalidad del ser humano, donde se almacena todo aquello que, presumiblemente, no se debería necesitar y que resulta preferible (en)cerrar bajo llave.

¿Qué sucederá si ese cajón de sastre se abre? ¿Sería equiparable a la *caja de pandora* que abre Kratos en *God of War* (SIE Santa Monica Studio, 2010)? Es posible explicar algunos de los escenarios mediante Batman y dos versiones cinematográficas del Joker, personajes archiconocidos del universo DC Comics.

Batman o Bruce Wayne, en el cómic, en el cine o en el videojuego, es un personaje que ha sufrido varios traumas en la infancia, como caerse a un pozo hondo repleto de murciélagos o vivir el asesinato de sus padres a manos de un delincuente que trabaja para la mafia. Mientras Bruce crecía, luchaba internamente con sus miedos, los templaba pese a la rabia, la pérdida y la sed de venganza. Durante años, se preparó y entrenó intensamente, convirtiéndose en un maestro luchador de numerosos estilos de lucha, además de desarrollar grandes habilidades en el sigilo, el pilotaje o el uso de tecnología. Pero Bruce no puede considerarse

Batman hasta que crea ese *alter ego* que libera a sus sombras mediante el uso de la fuerza para combatir el crimen. Exitoso *playboy* durante el día como Bruce, justiciero enmascarado durante la noche disfrazado de hombre murciélago, en alusión al primero de sus traumas. Lo que distancia a Batman de un villano y, en la mayoría de sus versiones, de un antihéroe, es su código ético. Siempre actúa del lado de la ley, incapaz de asesinar ni usar métodos brutales e inquisitivos como se ha visto en las películas y en los aclamados videojuegos *Batman Arkham Asylum* (Rocksteady Studios, 2009), *Batman Arkham City* (Rocksteady Studios, 2011), entre otros. Batman ha aprendido a transformar lo que más temía, el murciélago, en la forma que inspira terror en sus enemigos; ha aprendido a aceptar sus sombras, a lidiar con ellas, aunque sabe que necesita alimentarlas cada noche, acechando y golpeando el crimen de Gotham en la oscuridad.

No obstante, en lo que respecta al Joker, hay tantas interpretaciones como versiones. Por ello, aquí se compara al Joker de *The Dark Knight* (Nolan, 2008), interpretado por Heath Ledger, con Arthur Fleck, protagonista de la película *Joker* (Philips, 2019), interpretado por Joaquin Phoenix. Se trata de dos personajes en los que se ejemplifican las otras dos formas de enfrentarse a las sombras. En primer lugar, el Joker de Ledger es la personificación absoluta del caos, es la maldad por la maldad sin sentido, es un villano que ha liberado a sus sombras de forma anárquica y ellas actúan sin un pensamiento nuclear que las guíe. Como argumenta Jordi Maquiavello[4], esta personalidad le lleva a quemar una montaña de dólares, a jugar consigo mismo a la ruleta rusa, a matar a su propia banda en el asalto al banco o a derramar una copa antes de beber de ella. Quiere sembrar el caos y no muestra un claro *leitmotiv* ni una estrategia clara, pese a que, en ocasiones, todo parece formar parte de un plan maestro trazado estratégicamente al detalle. Los psicólogos diagnostican a este

....

4   Maquiavello, J. (2 de julio de 2019). El caballero oscuro: el fin de la moralidad. [Vídeo]. YouTube. https://www.youtube.com/watch?v=Yxe-jm_OmSo

tipo de Joker como un personaje que sufre problemas de salud mental como el trastorno antisocial de la personalidad y la bipolaridad. Trevor, uno de los principales protagonistas de *Grand Theft Auto V* (Rockstar Games, 2013), mantiene ciertas similitudes con este Joker, pues siembra el caos sin sentido y también ha liberado sus sombras de manera superlativa y anárquica, convirtiéndose en un psicópata y un maníaco homicida.

Lejos de estas interpretaciones, en lo que se refiere a Arthur Fleck, el Joker de Phoenix, se observa un personaje que ha estado reprimiendo sus deseos, pensamientos y sentimientos durante toda su vida. Desde una madre que lo maltrataba y cuyas parejas abusaban de él, pasando por un compañero de trabajo que le engaña para robarle su trabajo y unos adolescentes que le apalean en el suelo. La sociedad lo repudia y abandona. Arthur ha reprimido en la oscuridad de su ser sus motivaciones y sueños, sus deseos sexuales y su temperamento. A diferencia de Bruce Wayne, quien alimenta y deja salir sus sombras cada noche mediante su *alter ego* (Batman), Arthur sigue reprimiendo dicha oscuridad hasta que alcanza su límite e implosiona como Joker. Esta transformación se produce a través del asesinato y la venganza, pasando de un extremo a otro.

No es lo mismo abrazar y aprender a lidiar con las sombras que convertirte en ellas, pues esa es precisamente la fina línea que separa al antihéroe del villano. Una reflexión que coincide con el pensamiento de J.R.R. Tolkien, creador de *El Silmarillion*, *El hobbit* y *El señor de los anillos*, novelas que tantos y tantos videojuegos y obras literarias han inspirado. Para Tolkien, solo podremos llegar a la mañana mediante las sombras, pero sin convertirnos en una. Esa fue, precisamente, la lucha constante de Frodo y Sam en su camino al Monte del Destino y la Montaña de Fuego (Orodruin).

¿Cerca de la luz o inmerso en la oscuridad?

Llegado este punto, cabe preguntarse: ¿el antihéroe está más cerca de la luz o de la oscuridad que esta proyecta? Para responder a esta cuestión, se recupera el momento más decisivo del tercer acto del relato narrado en *The Last of Us* (Naughty Dog, 2011). Joel Miller debe decidir si deja a la joven Ellie en manos de los Luciérnagas para que sus médicos y científicos puedan experimentar con su cuerpo buscando una cura para la epidemia que asola a la humanidad. O, por el contrario, optar por llevarse a Ellie consigo, salvándola de una muerte segura y, como consecuencia, condenando a la humanidad a perder cualquier atisbo de esperanza. ¿Qué es lo correcto? Pensemos en Joel. Él perdió a su hija Sarah años atrás, murió en sus brazos, víctima colateral del protocolo de contención del ejército y la policía. Ahora debe enfrentarse al dilema de perder a Ellie, a quien quiere prácticamente como a una hija, o destruir la posibilidad de encontrar una cura para la epidemia que asola la humanidad.

¿Qué haría un héroe o un superhéroe ante este dilema? Seguramente y como se puede comprobar en la mayoría de las grandes heroicidades del cine y la televisión, el héroe tiene mecanismos narrativos para no tener que enfrentarse, en última instancia, a este conflicto moral. Finalmente, salvará a la humanidad y lo hará sin sacrificar a Ellie, aunque quizás sí tenga que sacrificarse él mismo, como un héroe trágico convertido a mártir. Un héroe nunca podrá dejar morir a la joven, ni tampoco sacrificará a la humanidad, pues es virtuoso y perdería la esencia que lo caracteriza. ¿Acaso Superman, Luke Skywalker, Sonic, Son Goku o Capitán América dejarían morir a Ellie? ¿Acaso dejarían que la humanidad perdiera la posible cura? Los héroes son virtuosos, inspiran a otros, están llamados a la aventura, son lineales (narrativamente hablando), nunca dudan en hacer el bien y su moral es inquebrantable.

¿Qué haría un villano ante esta misma situación? Este lo tendría muy claro: únicamente salvaría a Ellie o a la humanidad si él obtuviera un beneficio a cambio o si hacerlo le sirviera para conseguir sus planes. ¿Qué decidirán los siguientes villanos en esta tesitura? Mirrah, la Reina Locust de la saga Gears of War, el tirano M. Bison de la saga Street Fighter, el militar Vladimir Makarov de *Modern Warfare 3* (Infinity Ward/Treyarch,

2011), el brujo Shao Kahn de la saga Mortal Kombat o las aberraciones Pyramid Head de *Silent Hill 2* (Konami, 2001) y Némesis de *Resident Evil 3: Nemesis* (Capcom, 1999) y su *remake* de 2020. La respuesta es más que evidente: ninguno haría nada por Ellie o por la humanidad. Los villanos, salvo en contadas excepciones, son personajes violentos, obsesivos, viscerales, deshonrosos, determinados, utilitaristas, que no entienden el concepto de misericordia y no valoran la vida humana. Afortunadamente, como se podrá ver en los próximos capítulos, existe una clara tendencia en cine, series, cómics y en videojuegos, a crear villanos cada vez más complejos y menos estereotipados. Se trata de un claro movimiento orientado a romper el esquema bipolarizado y esquematizado entre el bien y el mal, pues hay tonos medios, héroes que puedes considerar claros y oscuros que permiten que no haya verdades absolutas ni juicios objetivos.

En tercer lugar, es posible preguntarse qué haría el antivillano, el menos conocido de todos. El antivillano es aquel personaje que hace el mal creyendo que está haciendo el bien, ya sea por un ideal o credo, o porque se guía por teorías equivocadas. El ejemplo más extendido de antivillano se encuentra en Thanos del Universo Cinematográfico de Marvel (UCM). Thanos es capaz de sacrificar a Gamora, su propia hija adoptada, y aniquilar a la mitad de la población del universo por el ideal de preservar la existencia ante la escasez de recursos que provoca la sobrepoblación planetaria. El antivillano no disfruta haciendo el mal, pero se siente el único capaz de realizar la ardua tarea para la que se cree el escogido. Por tanto, un antivillano estará dispuesto a salvar a Ellie y a salvar a la humanidad siempre y cuando estas acciones no vayan en contra de sus ideales o creencias, pues este personaje hará lo necesario para cumplir su objetivo y nada le apartará de él.

Finalmente llegó el turno de los antihéroes, los protagonistas de la obra. ¿Qué haría un antihéroe o una antiheroína?

Esta obra trata precisamente de esta y otras cuestiones. Busca entender sus motivaciones, sus convicciones, comprender a estos personajes que empiezan a dominar el panorama de la industria del videojuego.

El libro busca descifrar qué les diferencia de un héroe, un villano o un antivillano. También trata de averiguar qué tipologías de antihéroes existen, detectar los rasgos comunes que poseen y, finalmente, trazar las etapas del viaje antiheroico. Para conseguir todos estos objetivos, se emprende una incursión narrativa por las profundas tinieblas y acontecimientos que han forjado a los principales antihéroes y antiheroínas de las obras creadas hasta nuestros días. Esta incursión propone un viaje por numerosos multiversos y relatos de la mano de más de una treintena de antihéroes y antiheroínas de diferentes épocas, géneros, plataformas y estilos.

Sin embargo, antes de partir, se recupera una posible definición de antihéroe contemporáneo que ayudará a los lectores y las lectoras a entender mejor el enfoque de esta propuesta:

> Antihéroe o antiheroína es aquel personaje protagonista de una narrativa, con propósitos propios, cuyo *leitmotiv* es la venganza o la búsqueda de su identidad, y que se caracteriza por la ambigüedad moral, un orgullo desmedido, presencia de conflicto interior y una conducta desinhibida, solitaria y escéptica. A menudo presenta trastornos mentales[5].

La estructura de la obra y sus protagonistas

Sabiendo a qué tipo de personaje nos enfrentamos, se ha diseñado un trazado hacia un nuevo multiverso donde habita el mayor plantel *crossover* de personajes antiheroicos existentes. La aventura da comienzo en la década de los años ochenta, para entender cómo se forjaron los primeros personajes antiheroicos y sus influencias de la novela gráfica e interactiva. Allí se introducen algunos personajes poco ortodoxos y convencionales, protagonistas de las aventuras gráficas de las desarrolladoras Lucasfilm

....

5   Freire, A. (2022). *Los antihéroes no nacen, se forjan. Arco argumental y storytelling en el relato antiheroico.* Editorial UOC, p. 37.

y Sierra Online de finales de la década y principios de los noventa. A mediados de los noventa, aparecen Kain de la saga Legacy of Kain y la nueva versión de Duke Nukem, dos de los primeros personajes en poder responder a muchos de los rasgos antiheroicos gracias a su trasfondo, sus ambiguas acciones o sus conductas impropias de un héroe inspirador.

Tras abandonar esta era, el próximo destino es el Inframundo, lugar en el que permanece el medio humano y medio demonio Dante, hijo de Sparda, de la saga Devil May Cry. Un personaje que, aunque comete acciones heroicas, su vanidad y soberbia le llevan a despreocuparse por los seres humanos. El mundo puede estar derrumbándose y él solo intervendrá cuando le apetezca o cuando los demonios aparecen en su agencia. Eso sí es una tragedia para Dante. El cazademonios de cabello plateado es arrogante, soberbio, despreocupado, poco empático, narcisista, inquisitivo y bravucón. Sin embargo, también es valiente, sacrificado, carismático y, por encima de todo, es alguien capaz de enfrentarse a cualquier criatura o aberración surgida del abismo sin despeinarse y con mucho estilo.

La tercera parada es el Viejo Oeste, donde viven dos de los personajes que han recibido más premios por cómo se ha construido su personalidad. Ellos son John Marston y Arthur Morgan, dos forajidos que presentan sendos arcos de redención y que constantemente deambulan entre las buenas acciones y la delincuencia. Ambos personajes demuestran que, como pronuncia Isaac Clarke en *Dead Space*: «Los hombres buenos tienen buenas intenciones. Solo que no siempre terminan haciendo el bien[6]». Y es que ni John ni Arthur son malas personas, tampoco son un derroche de bondad y virtud, pero acaban combinando actos realmente deplorables con acciones heroicas. Su historia, su pasado, su *leitmotiv*, sus inquietudes o sus reflexiones son dignas de formar parte de este viaje y ayudan a entender cómo este tipo de seres dotan de credibilidad a historias complejas donde no todo es blanco y negro.

....

6   EA Redwood Shores, 2008.

Tras un duelo al atardecer, la próxima parada es Racoon City, la ciudad del virus T, diseñado por Umbrella Corp. Allí tiene lugar un breve encuentro con la primera de las muchas antiheroínas que participarán en el libro: Ada Wong. Ella no es una *damisela en apuros* ni *una princesa a la que rescatar*, más bien será Ada quien se encargue de rescatar al héroe de turno, para luego alejarse sin ser vista. La espía y mercenaria es el mejor ejemplo de superviviente y de personaje neutral y despolarizado que siempre añadirá giros argumentales a la trama mientras lo endulza con su aura misteriosa y su personalidad enigmática.

Ahora es momento de volar a Dubái viajando en un helicóptero de guerra en compañía del pelotón que capitanea Martin Walker. Este personaje atormentado sufrirá un auténtico infierno sobre el desierto y las calles destrozadas de una de las ciudades más capitalistas del planeta. Como le sucederá a él, los jugadores empezarán a cuestionar todo lo que el cine, la literatura y los videojuegos han enseñado sobre la guerra. En un conflicto bélico no hay vencedores, solo víctimas y los jugadores serán partícipes de ello mientras capean con el *self shock* del protagonista, el concierto de balas que se cierne y un cóctel narrativamente reflexivo y complejo.

En la siguiente parada se propone una experiencia menos trascendental y profunda. Un espectáculo audiovisual caracterizado por combos rítmicos y danzantes fusionados con una ola de destrucción y caos. Así es Bayonetta, la antiheroína más poderosa y letal de todos los tiempos. La bruja de Umbra, aunque con cada entrega es un poco más heroica y menos polarizada, se enfunda perfectamente el traje de personaje antiheroico. Y no lo hace únicamente por su soberbia sino por su personalidad desbocada, por ser una bruja de la oscuridad y, sobre todo, por destrozar sin escrúpulos a ángeles y demonios por igual. Por si todo ello no fuera suficiente argumento, los de Platinum Games añaden la mecánica jugable de las torturas, un punto creativo y original que va muy acorde con la personalidad de esta bruja mortífera.

Después del deleite que produce ejecutar los combos y transformaciones de Bayonetta, es turno de conocer a la versión de videojuego del temible brujo Geralt de Rivia. Aunque se trata con decoro su origen novelesco de *la saga del brujo* de Andrzej Sapkowski y la serie producida por Netflix, este capítulo se centra en la trilogía de juegos The Witcher y, especialmente, en su obra magna: *The Witcher 3: Wild Hunt* (CD Projekt, 2015). El conocido como *lobo blanco*, es un dechado de rasgos antiheroicos: un pasado desconocido, un pueblo que le desprecia y una personalidad sometida constantemente al conflicto interno y cuestionamiento. Del mismo modo, Geralt confronta el código de los brujos frente a las leyes humanas y su propia moral, un cóctel al que se añade el escepticismo hacia el ser humano y la brutalidad de sus acciones. Todo en Geralt es antiheroico, aunque también es uno de los mejores aliados que se puede desear en un campo de batalla y uno de los compañeros más sabios y justos con los que emprender cualquier aventura.

Abandonadas las Tierras del Norte, se propone una doble incursión con uno de los detectives más opacos y heridos que se recuerdan: Max Payne. Su trágico relato pasa por una fría noche en una ficticia Nueva York asolada por grupos de maníacos y mafiosos que han acabado con la familia de Payne. Tras acompañar al detective en su arco de venganza y observar estupefactos el caos que desata a su paso, la tercera parte lleva al jugador a un soleado mediodía de Sao Paulo (Brasil). Allí da comienzo su arco de redención, mientras desarticula un grupo paramilitar y una asociación ilegal de contrabandistas de órganos. Al atardecer, tras haber cumplido la última misión, dará un paseo reflexivo por la playa que supone el retiro de uno de los antihéroes más trágicos, depresivos y vengativos que se han escrito para un videojuego con permiso de Joel Miller de la saga The Last of Us.

Precisamente Joel y su hija adoptiva, Ellie, serán los siguientes en la lista. Ambos viven una epopeya de muertos vivientes, supervivencia extrema y bandas paramilitares. Pero, lo que realmente dejará mella de todo este apocalipsis en los jugadores, será su relación paterno filial y la evolución de ambos personajes. Un proceso narrativo que comienza desde que se encuentran hasta que Joel sacrifica a los Luciérnagas para salvarla. Y que prosigue en la segunda entrega de la saga, desde que Ellie pierde brutalmente a quien más quiere hasta que culmina su venganza. Acompañar a estos personajes invita a asistir a un gran crecimiento personal, entender parte de su duelo y pérdida, empatizar por la forma en que se cuidan y se preocupan mutuamente. Ellie y Joel encarnan una de las representaciones mejor cuidadas de este tipo de relación humana. Se trata, sin lugar a duda, de dos personajes tan profundos e imperfectos que no pueden faltar en ninguna lista de personajes con rasgos antiheroicos.

Otro popular personaje que tampoco podía perderse la cita es el camaleónico Agente 47, el asesino implacable de la saga Hitman y su particular vacío existencial. 47 es un clon con capacidades sobrehumanas y cuyas habilidades, como el sigilo o la lucha, se han perfeccionado gracias a un entrenamiento exhaustivo desde su creación. Sin embargo, aunque parezca una fría y perfecta máquina de matar incapaz de sentir misericordia o empatía, conforme se profundiza en su personalidad, se observa una realidad muy distinta. Hitman está empezando a construir una moralidad con fuertes convicciones y empieza a cuestionar las órdenes, las instituciones y todo en cuanto ha creído. En su ser se esconde una gran sombra que oprime y asfixia para que no emerjan los fantasmas del pasado vinculados a los actos que ha cometido al servicio de otros.

De la misma manera que Hitman, existen otros personajes antiheroicos con un pasado que les atormenta por los actos y las decisiones tomadas, como es el caso de Marcus Fenix, el principal protagonista de la saga Gears of War. De niño pierde a su madre, de adolescente a su mejor amigo y para salvar a su padre incumple una orden del ejército por lo que es condenado a cuarenta años de prisión. ¿Podría ir peor? Sí, los guionistas de Epic Games creyeron que, en medio de toda esta sucesión de trágicos acontecimientos, a Marcus le vendría bien pagar su ira y rabia con un ejército de locust, seres provenientes del interior del planeta, dispuestos a aniquilar la raza humana. He aquí que Marcus, pudiendo ser un héroe clásico que salva a la raza humana, se erige como un personaje atormentado, repudiado por sus actos y atormentado por su pasado. Por suerte para él, su amigo Dom le saca de la cárcel, le entrega una *lancer*, una especie de ametralladora con una sierra eléctrica incorporada, para que Marcus pueda resarcirse de todo lo que *la vida le ha dado* con estas larvas antropomórficas.

Después de huir de la horda locust, es momento de abandonar Sera, el mundo en guerra de la saga Gears of War, para conocer a un triplete de antiheroínas: Kai, Madeline y Senua. Todas ellas, protagonistas de premiados videojuegos, presentan trastornos y problemas de salud mental, otro de los rasgos comunes en muchos antihéroes y antiheroínas. En *Sea of Solitude* (Jo-Mei Games, 2019), Kai nos habla de soledad, de *bullying*, de las consecuencias del divorcio, pero también se enfoca en la depresión mediante alegorías y simbolismos, en una obra muy íntima y autobioficcionada. Un auténtico viaje marítimo al interior de los miedos y las experiencias que son comunes en muchas personas, tratadas con gran delicadeza y con una dirección artística muy singular.

La segunda protagonista del capítulo es Senua, que lidiará con sus problemas de salud mental en el juego de acción *Hellblade Senua's Sacrifice* (Ninja Theory, 2018). Esta obra traslada al jugador a la mente y el sufrimiento de la guerrera Senua, que padece una psicosis grave. Perteneciente a la tribu de los pictos, Senua se autoimpone la misión de alcanzar lo inalcanzable: el reino de la muerte, conocido como Hellheim en la mitología nórdica. Su intención es rescatar el alma de Dillion, su amado, que fue capturado y decapitado por unos incursores vikingos. Lo que se vive a los mandos de esta antiheroína enferma y repudiada por su tribu es una de las experiencias más inmersivas, introspectivas y realistas sobre un problema de salud mental nunca antes representado así en esta industria. Una oda a la contribución de los videojuegos en la visibilidad de las narrativas de la enfermedad mental.

La tercera en discordia es Madeline, protagonista del videojuego *Celeste* (Matt Makes Games, 2018). Este título del género plataformas trata sobre la ansiedad que sufre Madeline y cómo a través de ir superando retos y dificultades, puede intentar demostrarse a sí misma que es capaz de alcanzar la meta que se ha marcado. La gran meta es escalar la montaña Celeste, que da nombre al título. Bajo una propuesta jugable simple, una dificultad alta y un estilo gráfico *pixel art*, Madeline personaliza las exigencias que nos autoimponemos, de aquello que la sociedad espera de nosotros y de la frustración que nos provoca no conseguir los retos. Madeline es un personaje que sufre pero que lucha, es resiliente como muchos antihéroes y antiheroínas y vive en conflicto consigo misma y su entorno. De nuevo, los videojuegos acercan a los jugadores a los problemas sociales a través de personajes imperfectos, con problemas, con limitaciones y, por encima de todo, muy humanos.

Ahora es turno de viajar a Columbia, una ciudad situada en las nubes, donde se desarrolla la distópica trama de *Bioshock Infinite* (Irrational Games / 2K, 2011), surgida de la mente preclara de Ken Levine. El jugador encarna a Booker DeWitt, un personaje tremendamente oscuro que ignora absolutamente todo lo que esta compleja historia oculta. Junto a la encantadora Elizabeth, irá descubriendo lentamente las pistas sobre su pasado y presente, hasta entender que nada es lo que parece y que hay una especie de multiverso o realidad paralela. En algunas realidades será un cordero, en otras un lobo y en otras, simplemente, será Booker DeWitt, un padre antiheroico.

En el siguiente capítulo se introduce una nueva y original tipología de antihéroes, los bufos, más propios de las comedias adultas de animación que de los videojuegos. Sin embargo, existen dos personajes que cumplen con todos estos rasgos y que, además, pueden presentar una buena batalla y contar grandes historias. El primer personaje es el caótico y anárquico Travis Touchdown de la saga No More Heroes. El segundo es Conker, la ardilla desfasada y juerguista que emprende un surreal camino reviviendo escenas de películas como *La naranja mecánica* (Kubrick, 1971) o *Salvar al soldado Ryan* (Spielberg, 1998), mientras hace alarde de su verborrea malsonante y actitudes poco decorosas. Ambos conforman un capítulo en el que se demuestra que los antihéroes también pueden tener un lado más pícaro, burlesco y satírico, lo que recuerda a sus orígenes literarios.

Tras ellos, es tiempo de volver a Rockstar, concretamente a Liberty City y a *Grand Theft Auto IV* (Rockstar Games, 2008). Este título ha vendido más de seis millones de copias y presenta a uno de los personajes mejor construidos narrativamente para un videojuego de mundo abierto: Niko Bellic. Hasta esta entrega, en la mayoría de los juegos de mundo abierto o *sandbox* como *Saints Row* (Volition, 2006), *Just Cause* (Avalanche Studios, 2006) o *Crackdown* (Realtime Worlds, 2007), se daba excesiva importancia a la acción, la conducción, el caos y la libertad. También se omiten aspectos trascendentales como el arco argumental del personaje, su trasfondo o los rasgos de su personalidad. En Niko Bellic se eleva el nivel narrativo de este género, presentando una historia de guerra y exilio, de secretos y *vendetta*, de cambios de guion y subtramas. En esencia, la historia de alguien que deja atrás un pasado con la intención de encontrar una nueva vida, pero los hechos y los sucesos trágicos le determinarán a tomar acciones letales. Asimismo, la evolución del personaje es constante, combinando su arco de redención con la sed de venganza y con el desencanto por las relaciones humanas. Bellic es tan héroe como villano y tan villano como antihéroe. Por otro lado, siendo, posiblemente, el menos villano de todos los personajes de la saga Grand Theft Auto, también podríamos trazar ciertos paralelismos a los de Arthur Morgan en *Red Dead Redemption 2* (Rockstar Games, 2018), aunque no llega al calado psicológico del pistolero.

La tragedia y la crudeza de Liberty City se dejan atrás para retomar la aventura por el Reino Champiñón y Green Hill, donde encontraremos a Wario y Shadow, los respectivos *alter ego* de Super Mario y Sonic the Hedgehog. El primero encarna la envidia, el cinismo, el egoísmo y el ansia de riquezas, pero también es un tipo carismático, gracioso y capaz de despertar el cariño en los jugadores alrededor del mundo. Esta doble interpretación le ha llevado a protagonizar sus propias sagas y a estar presente en casi la totalidad de juegos del universo narrativo de Mario. Como Shadow, está en la mayoría de los listados y *rankings* de antihéroes del videojuego, no en vano, su personalidad le aleja del héroe y del villano por igual. Aunque tanto Wario como Shadow son la antítesis de los personajes insignia de Nintendo y Sega, son muy diferentes entre sí. Shadow es más violento, peligroso y oscuro que Wario. A Shadow no le interesa enriquecerse, él se mueve por descubrir el pasado, proteger a quien le importa y administrar una buena dosis de venganza por el camino. Tanto uno como el otro tienen elementos interesantes que los hacen dignos protagonistas de este capítulo.

El capítulo décimo séptimo lo protagonizan íntegramente personajes que han dado el salto transmedia de los cómics de Marvel a la industria del videojuego. En esta categoría se hallan personajes como el errante Wolverine, el simbionte Venom, el mercenario Deadpool, la espía Black Widow, la bruja Wanda Maximov, la cleptómana Black Cat, el endemoniado Ghost Rider o el guardián vengador The Punisher. En este sentido, se confrontan aspectos interesantes de estos personajes frente a cómo ha sido su travesía en el ámbito del ocio digital. En la segunda parte del capítulo ahondaremos más en los personajes de DC Comics, como Harley Quinn y el resto de los integrantes del Suicide Squad, quienes, a diferencia del plantel de Marvel, no han tenido tanta representación en el sector.

Posteriormente se explora una de las vías más interesantes y cuya experiencia narrativa es más subjetiva, como son aquellos videojuegos considerados *immersive sim* como *System Shock 2* (Irrational Games, 1999), *Dishonored* (Arkane Studios, 2012), *Deus Ex: Making Divided*

(Eidos Montréal, 2016), *Prey* (Arkane Studios, 2017) o *Deathloop* (Arkane Studios, 2021), entre muchos otros. Este subgénero permite a los *gamers* un gran poder de decisión, lo que repercutirá constantemente en la moralidad de nuestro personaje, permitiéndonos ser un antihéroe, un héroe o un villano. De nuestras acciones dependerá gran parte del destino de quienes rodean al protagonista, como también se plantean diferentes finales. Aunque, en ocasiones, ninguno de ellos podrá considerarse un final heroico y todos estarán orientados al determinismo y al nihilismo posmoderno, como sucede en algunos títulos *soulslike* de From Software y Hidetaka Miyazaki.

En este periplo antiheroico tampoco faltarán los representantes del credo de los asesinos: Altaïr Ibn-La'Ahad de *Assassin's Creed*, Ezio Auditore de *Assassin's Creed II* y Edward Kenway de *Assassin's Creed IV*, aunque podríamos incluir a la gran mayoría de los protagonistas de la saga los asesinos de Ubisoft. La historia de esta saga está conformada por un universo narrativo transmedia que engloba videojuegos, películas, cortometrajes, libros, historias gráficas y contenido creado por fans y usuarios (*fandom*). Este multiverso combina datos reales, fragmentos históricos con recreaciones ficticias de mundos y situaciones creados por Animus, la inteligencia artificial de Abstergo. No obstante, es una misma semilla narrativa, aunque se desarrolle en diferentes épocas, civilizaciones, líneas temporales, protagonistas: la hermandad de los asesinos y su particular lucha contra los templarios. Muchas son las voces que consideran a estos *hashshashin* o asesinos, unos héroes, puesto que comparten tantos rasgos con los antihéroes como con los héroes tradicionales, por ello, es importante detenerse en los detalles y en el futuro de la saga.

En la citada travesía por este multiverso, es necesario analizar a los protagonistas de dos de las aventuras gráficas más populares de los últimos años. En primer lugar, se estudia el caso de Bigby Wolf, el personaje jugable de *The Wolf Among Us* (Telltale, 2013), título inspirado en las novelas gráficas *Fables*. En segundo lugar, se hará lo propio con Lee Everest, el principal protagonista de la primera temporada del videojuego *The Walking Dead: season 1* (Telltale, 2012), inspirado en la serie homónima y los cómics creados por Robert Kirkman. Ambos personajes, aunque tendrán tendencia a querer hacer lo correcto, experimentarán el hecho de que todas sus decisiones se ponen en entredicho, afectan a terceras personas y acarrean graves consecuencias. Telltale nos enfrenta a la crudeza de seres que tienen que sobrevivir en situaciones extremas lidiando con problemas interpersonales. Ese enfoque, en el que nadie es totalmente bueno ni malvado, hará que el jugador empatice con ambos antihéroes, hasta el punto de cuestionarse qué hubiera hecho él en su lugar.

Hacia el tramo final del viaje, aparece Big Boss de la saga Metal Gear Solid. Se trata de otro de los carismáticos e históricos personajes que se han enfundado varios trajes durante su trayectoria en este sector. Kojima y su equipo plantearon una trama compleja, con muchas líneas argumentales, misterios y elementos que generaban suspense e intriga, un argumento digno de los mejores *thrillers* cinematográficos. Dotaron a cada personaje de una intrahistoria, un trasfondo, un pasado muy bien construido y varias motivaciones. Con cada entrega, la trama se complica y enriquece con más subtramas, nuevos personajes y giros argumentales. Este hecho, en cierta manera, hace complejo el poder seguir todo el argumento sin sentir, en ocasiones, cierto abismo ante un *lore* tan expandido y con tantos interrogantes e interpretaciones. Dentro de este entramado argumental y narrativo, seguramente el personaje más ambivalente, desencantado de la sociedad y las instituciones y con una actuación más libre, sea Big Boss. En este capítulo se deconstruye parcialmente a este comandante y exlíder de Outer Heaven para entender mejor sus motivaciones y los rasgos antiheroicos que lo definen, a la luz y la oscuridad de Kojima, uno de los desarrolladores de videojuegos que más pasiones encontradas despierta en la actualidad.

Posiblemente, el último de los protagonistas es el más famoso y uno de los más poderosos: Kratos. El Fantasma de Esparta, totalmente de actualidad tras la publicación de *God of War: Ragnarok* (Sony Santa Mónica, 2022), requiere ser tratado en dos fases o etapas. La primera etapa contempla sus hazañas y atrocidades como comandante espartano y el deicidio que lleva a cabo como dios de la guerra en tiempos de la Antigua Grecia, Zeus y los dioses del Olimpo. La segunda etapa comprende sus años como exiliado en el contexto de la mitología nórdica y ante la difícil tarea de ser padre de Atreus, un hijo adolescente que esconde un gran poder. Aunque son el mismo personaje, su arco argumental y motivaciones son totalmente diferentes, incluso su temperamento es ahora más templado y calmado, pese a que sigue siendo brutal y despiadado con sus enemigos.

El último capítulo está dedicado a las menciones honoríficas. En él se han recopilado todos aquellos personajes antiheroicos restantes, cuya ambivalencia ética en la que divagan y su escala de grises les hacen moverse entre la villanía y las acciones heroicas. Algunos de estos *olvidados* son, por ejemplo, el detective Harrier du Bois de *Disco Elysium* (ZA/UM, 2019), Alex Mercer de *Prototype* (Radical Entertainment, 2009), Jackie Estacado de *The Darkness* (Starbreeze Studios, 2007). También se hace mención a personajes tan populares como Scorpion de la saga Mortal Kombat y a Guerra, Muerte, Furia y Lucha, los cuatro jinetes del Apocalipsis de la saga Darksiders. Y, aunque menos conocidos, también se rescatan los casos de Grayson Hunt de *Bulletstorm* (People Can Fly/Epic Games, 2011), Strange de *Oddworld: Stranger's Wrath* (Just Add Water, 2005) y García Hotspur de *Shadow of the Damned* (Grasshopper Manufacture, 2011). Finalmente, encontramos el grupo de antihéroes y antiheroínas que ya existían previamente en obras literarias, películas, series como el loco Max de la saga cinematográfica Mad Max, Tommy Shelby de la serie Peaky Blinders, John Wick de la trilogía John Wick, Jack Sparrow de la saga Los Piratas del Caribe o Riddick de la saga Las Crónicas de Riddick.

Como punto final al viaje, en el epílogo se plantean las etapas que conforman el viaje antiheroico y una propuesta de los rasgos que están presentes en la mayoría de los antihéroes y antiheroínas de la industria del videojuego.

Habiendo introducido los capítulos y sus protagonistas, los preparativos para este viaje inédito ya han acabado y los jugadores están preparados para coger los mandos. Espero que disfrutes tanto de esta obra como yo lo he hecho escribiéndola. Es tiempo de antiheroínas y antihéroes.

CAPÍTULO I

DUKE NUKEM, LOS ORÍGENES PARÓDICOS DEL ANTIHÉROE MÁS IRREVERENTE Y ESCATOLÓGICO

Para entender el presente de los videojuegos, es necesario conocer su pasado. A la pregunta sobre cuáles son los orígenes de los antihéroes y antiheroínas contemporáneos en este sector, las investigaciones apuntan a que el antihéroe primigenio tiene sus raíces en los años ochenta. De esta manera, este viaje narrativo comienza con un salto temporal a una década mágica y rebosante de nostalgia.

El espíritu ochentero está de vuelta, y no únicamente porque *Stranger Things* y *Guardianes de la Galaxia vol. 1* y *vol. 2* hayan logrado poner de moda esa peculiar y característica estética. El actual influjo de los ochenta también se debe al renacimiento de la música electrónica y el tecno pop, al recuerdo de infinidad de momentos inolvidables como la *mano de Dios* de Maradona, los duelos entre Ayrton Senna y Alain Prost, el *por el poder de Grayskull* de He-Man, el destape de Sabrina o el multitudinario concierto de Queen en Wembley. También están de vuelta en los imaginarios culturales y cinematográficos otros elementos culturales y modas muy asociados a esos años como son las coderas, las cintas en el pelo, las chupas de cuero, los *walkman*, el VHS o los exagerados alerones en los vehículos. Se trata de toda una generación que creció con películas que marcaron una época y que sentaron las bases del género cinematográfico de acción, aventuras y ciencia ficción como *E.T., El extraterrestre, Los Goonies, Los Cazafantasmas, Indiana Jones, Blade Runner, Terminator, Rocky, Mad Max, Top Gun, Rambo, Regreso al futuro, Karate Kid* o *Gremlins.*

Una generación que vivió pegada a los antiguos televisores devorando las reposiciones de míticas series como *El equipo A, Miami Vice, MacGyver, V, El coche fantástico* y, por supuesto, que vivió la llegada del *anime* con series como *Oliver y Benji: Campeones, Dragon Ball, Dr. Slump, Los Caballeros del Zodiaco,* entre muchas otras. Los ochenta eran tiempos de Phoskitos y Matutano, de juegos de rol de mesa como *Dragones y mazmorras,* de coleccionar cromos y torneos de cartas de *Magic: The Gathering.* Solo faltaría aderezar todo musicalmente con los *hits* de Madonna, Kate Bush, Michael Jackson, Depeche Mode, The Police o Mecano y cerrar la década con la caída del Muro de Berlín y la implantación prácticamente global de la sociedad de consumo y las economías de mercado a nivel mundial.

¿Qué tiene que ver todo esto con los antihéroes y los videojuegos?

La década de los ochenta también fue una época mágica e inolvidable para esos niños y niñas que vivieron el despertar del videojuego en sus hogares, una vez traspasada la barrera de los salones recreativos. Concretamente, nos referimos a 1984 y posteriores, cuando en incontables hogares alrededor del planeta empezaron a llegar los Amstrad CPC, Sinclair Spectrum ZX y Commodore 64, unas carísimas máquinas que tenían la CPU en el teclado, además de la entrada de los casetes[7] y que empezaron a mostrar un nuevo mundo de posibilidades. Este hecho, que podría llamarse el advenimiento de los microordenadores[8] de sobremesa, trajo consigo nuevos tiempos para la industria de los videojuegos. Se trata de una especie de renacimiento del sector tras una importante crisis fechada

....

7   Los casetes, compuestos por cintas magnetotérmicas, eran el principal formato en el que se grababan los álbumes de música y los videojuegos hasta que se fueron sustituyendo por otros formatos con más capacidad, durabilidad y velocidad, como los CD o los DVD, entre otros.

8   Reciben la categoría de «micro» por su escasa funcionalidad como ordenador. Solo podían hacer unas limitadas funciones mediante el lenguaje BASIC y, principalmente, su función era la de reproducir videojuegos o programas muy sencillos.

entre 1981 y 1983, fruto de la resaca del *boom* de las primeras máquinas recreativas y los éxitos internacionales que significaron *Pong* (Allan Alcorn, 1972), *Space Invaders* (Toshihiro Nishikado/Atari, 1978) o *Pacman* (Namco/Atari, 1980), entre otros. Gracias a estos videojuegos, se organizaron torneos y competiciones con eventos multitudinarios, un hecho que podría definirse como el primer antepasado de los actuales *e-Sports*.

Pese a que 1980 fue un año de grandes beneficios para la industria, los próximos tres años serían seriamente dubitativos en el sector del videojuego, como también sucedió en la primera mitad del siglo xx con el cine. Los videojuegos mostraban serios atisbos de desaparecer por sus limitaciones técnicas, narrativas y artísticas y, sobre todo, por sentirse una industria estancada, incapaz de resultar solvente para las empresas fabricantes de *hardware* y *software*. Este hecho, aunado con grandes fracasos millonarios como el considerado peor videojuego de la historia, *E.T. the Extra-Terrestrial,* de Atari, que prácticamente supuso el final de la compañía, inició lo que históricamente se ha considerado como la gran crisis del videojuego o *crisis del 83*.

Sin embargo, parafraseando al físico y matemático inglés Isaac Newton: *los errores no se encuentran en el arte sino en los creadores de las obras*. O, dicho de otra forma, el problema no radicaba en ese arte incipiente y aún en estado muy primitivo, sino en las malas artes que se estaban llevando a cabo mediante videojuegos de pésima calidad como el citado *E.T. the Extra-Terrestrial*. También por otros de dudosa moralidad como *Custer's Revenge* (American Multiple Industries, 1983) o videojuegos mediocres realizados por marcas para promocionar sus productos, considerados los primeros atisbos de *advergames*, como fueron *Pepsi Invaders* creado por Atari y financiado por Coca-Cola o *Chase de Chuckwagon* de Ralston Purina, entre muchos otros. Ese maltrato al arte por parte de algunas productoras y desarrolladoras se tradujo en un rechazo y desinterés por gran parte del público, un descenso de las ventas, una sobresaturación de productos, una pérdida de confianza en los inversores y accionistas y en la quiebra de algunas compañías como Coleco o Magnavox, entre otras.

A partir de 1984, los videojuegos que aparecieron en el mercado para Spectrum y Commodore, además de revitalizar el sector por el número de ventas, también supusieron un salto de calidad considerable en cuanto a mecánicas de juego, posibilidades narrativas y diseño artístico. Este hecho, en parte, es gracias al buen hacer de compañías como Origin, Activision, Dinamic Software, Opera Soft, Durrell, Microsphere, Ocean, Ashby, Data East, Sega y Firebird, entre muchas otras. Sus obras[9] significaron la semilla del origen del videojuego contemporáneo, superando así la primera etapa con los popularizados como *matamarcianos* y *comecocos* como principales pseudogéneros. Además, estas nuevas propuestas crearon el imaginario social entre la ficción y la realidad y, más concretamente, el imaginario de los personajes digitales. Nos referimos a elementos tan básicos como la gestión del inventario o a que la vida de un personaje se pueda medir por corazones o por una barra roja o verde. Otros elementos del imaginario responden a la experiencia de los personajes basada en atributos y niveles heredados de los primeros juegos de rol de mesa. También existen otros elementos y tropos del imaginario cultural, como son los tradicionales patrones narrativos del héroe salvador de mundos o el héroe clásico y su eterno rescate de la *bella princesa en apuros*.

Sin embargo, aunque en esta época resulta complejo y prematuro hablar de antihéroes en su sentido y significado completo, cabe señalar algunas obras que presentaron personajes poco heroicos y éticamente dudosos como, por ejemplo, *The Barbarian* (Palace Software, 1987), que está protagonizado por un bárbaro que rebana las cabezas de sus enemigos, fuertemente inspirado en la saga Conan, protagonizada por Arnold

....

9   Sería injusto nombrar a unos pocos como representantes de centenares de obras maravillosas que fundamentaron las bases mecánicas y jugables del videojuego. Existen otras obras dedicadas a hablar de esta época del videojuego como *Replay: La historia del videojuego*, cuyo autor es Tristan Donovan.

Schwarzenegger. Otros como *Dustin* (Dinamic Software, 1986), ponen al jugador en la piel de un ladrón que se fuga de prisión mediante el uso de la astucia y, sobre todo, de la violencia. Mientras que otras obras directamente recrean personajes antiheroicos de la literatura, como *Don Quijote* (Dinamic Software, 1987), en el que se encarna al hidalgo cervantino, uno de los primeros antihéroes de la literatura y, concretamente, de la picaresca que parodia a las novelas caballerescas de su época. No obstante, pese a tener los primeros resquicios de antiheroísmo, los personajes no poseen la profundidad narrativa deseada debido a las limitaciones técnicas y a las demasiado sencillas mecánicas de juego. Para poder ver personajes más complejos y ahondar en su personalidad, era necesario un salto evolutivo de la industria.

Este avance vendría acompañado de la aparición de los centros de ocio doméstico o videoconsolas. No obstante, incluso antes de que las videoconsolas de Nintendo como NES y Game Boy empezasen a dominar y revolucionar el mercado a partir de 1986 o en los noventa mediante Mega Drive y Súper Nintendo, hubo un género que ayudó a crear obras que ofrecían más posibilidades al jugador. Ese género sentaría las bases de la interacción y la profundidad narrativa: las novelas gráficas, que bebían de la influencia directa de la literatura de fantasía.

Estas obras permitieron la inclusión de un argumento más profundo que se iría desarrollando junto al arco de los personajes gracias a numerosas líneas de texto, opciones interactivas y diferentes subtramas. Las novelas gráficas y conversacionales de principios de la década de los ochenta sembraron la semilla jugable y técnica que permitió la aparición de obras más desarrolladas, dando origen al género de las aventuras gráficas con la primera entrega en 1984 de la saga King's Quest desarrollada por Sierra Online y en 1987 de *Maniac Mansion* por Lucasfilm Games (conocida como LucasArts entre 1990 y 2021).

Aunque entrando en la década de los noventa, en la mayoría de las aventuras gráficas los personajes heredan el trasfondo del imaginario cinematográfico o, incluso, se crean obras derivadas de estas franquicias como el aclamado *Indiana Jones and the Fate of Atlantis* (LucasArts, 1992). Muchos de estos títulos empezaron a mostrar los primeros indicios de personajes poco estereotipados y con rasgos antiheroicos. Este hecho se observa en el trío de personajes *nerds* que protagonizan *Maniac Mansion 2: Day of the Tentacle* (LucasArts, 1993), en los antropomórficos animales (perro y conejo) de *Sam and Max: Hit the Road* (LucasArts, 1993), en Guybrush Threepwood, el torpe aspirante a pirata y protagonista de la saga Monkey Island, o en Larry, el desfasado mujeriego de la saga Leisure Suit Larry, una de las más longevas de la historia del videojuego. Aunque todos ellos son personajes que se alejan de los estereotipos tradicionales de la literatura y de los héroes clásicos del cine, así como de la mayoría de los videojuegos, ninguno posee una oscuridad profunda ni tienen un arco de venganza ni se encuentran repudiados o cometen actos brutales, por lo que otorgar el (des)honor de ser el primer antihéroe a cualquiera de ellos sería una afirmación demasiado inexacta.

Nacimiento y muerte prematura de un antihéroe

Sin embargo, siguiendo con este viaje en el tiempo y en los multiversos, entrando ya en los noventa, aparecen dos seres que sí pueden responder a muchas de las características que definen al primer antihéroe: el vampiro Kain de la saga Legacy of Kain, de quien se habla en próximos capítulos, y Duke Nukem, o mejor dicho, su reinvención, concretamente a la versión del exitoso *Duke Nukem 3D* (3D Realms, 1996). Decimos reinvención porque, de la misma forma que también les ha sucedido a otros personajes en la historia del videojuego, Duke ha cambiado sustancialmente desde sus orígenes. En su primera aparición en *Duke Nukem* (Apogee Software, 1991) y en su secuela, *Duke Nukem II* (Apogee Software, 1993), este soldado responde al estereotipo de héroe tradicional, concretamente un héroe norteamericano arquetípico propio de las películas de acción de décadas anteriores que salvará al mundo cuantas veces sea necesario de enemigos lineales *random*, normalmente soviéticos, nazis o alienígenas.

En sus orígenes, Duke aparece como agente especial enviado por la CIA para proteger la Tierra de la invasión de un ejército de robots llamados *techbots*, inventados y manejados por el Dr. Protón, un villano estereotipado y simplón que, como no podría ser de otra manera, quiere dominar y esclavizar el mundo. Tanto héroe como villano son personajes lineales, sin arco evolutivo ni un profundo trasfondo más allá de intentar conseguir su objetivo, que será invariable de principio a fin. Dos fuerzas polarizadas que, una vez más, representan la eterna y maniqueísta lucha entre el bien (el súper soldado estadounidense) contra el mal (el científico loco que quiere dominar el mundo y que acostumbrará a ser de origen soviético o a tener lazos con la supremacía nazi). En todo caso, las dos primeras entregas consistieron en juegos de *arcade* y plataformas en 2D que fueron recibidas sin pena ni gloria y cuya necesidad de argumento se antojaba algo irrelevante e innecesario para el tipo de género.

Con la transformación de Apogee Software en 3D Realms y el consiguiente lanzamiento de *Duke Nukem 3D*, Duke renace con una personalidad completamente diferente y particular, un hecho que le conlleva una gran popularidad en el medio y entre los *gamers*, convirtiéndose en uno de los referentes del género *shooter* en primera persona. En cuanto al diseño artístico del personaje, Duke muestra un gran parecido estético con el T-800 interpretado por Arnold Schwarzenegger en *The Terminator* (Cameron, 1984) y *The Terminator 2: The Judgement Day* (Cameron, 1991), incluso su frase característica «I'm back, baby» es un tributo de la famosa frase «I'll be back» que el actor austríaco pronuncia en muchos de sus papeles cinematográficos y apariciones en público. De la misma manera, su estilo irreverente y sus frases recurrentes recuerdan al carismático John McClane de la saga *La jungla de cristal* que protagoniza Bruce Willis. Respecto a la vestimenta y su forma de empuñar a la vez dos armas de fuego es un tributo a la segunda y tercera entrega de la saga Rambo que protagoniza Silvestre Stallone.

DUKE ES TAN IRREVERENTE COMO BRUTAL. Duke demostró que no bastaba con acabar con el enemigo, también era necesario patearle el trasero. Copyright: 3D REALMS, 1996.

Pero Duke es mucho más que un personaje vacío que se sostiene mediante un esqueleto jugable de referencias, clichés y parodias, como sí lo es el personaje de Hazard en *Eat Lead: The Return of Matt Hazard* (Vicious Cycle Software, 2009). Por el contrario, Duke tiene una personalidad definida y, aunque no reniega de sus influencias y sus constantes guiños a películas u otros videojuegos, es un personaje con una motivación clara: la venganza contra los alienígenas de rasgos porcinos que han estropeado su nave, y con un código ético propio: patear culos y mascar chicle; aunque también lo vemos disfrutando de un puro, teniendo relaciones sexuales o apostando en el casino. Duke es zafio y sin escrúpulos, un personaje que no mide su violencia no siente pudor a la hora de lanzar dinero a una *stripper*, ni siente ningún tipo de misericordia por sus enemigos y, lo que es más preocupante, tampoco muestra respeto o interés por la vida de los soldados humanos que están planificando acabar con el enemigo. Duke se cree el más duro de todos los tipos duros que existen, por eso tiene una barra de ego, en lugar de estamina o salud y se cura con esteroides en lugar de los clásicos botiquines. Duke también es provocativo y desafiante, como se escenifica al reírse de personajes míticos del videojuego mediante los diferentes *easter eggs* que podemos encontrar escondidos por los niveles: el *space marine* de la saga Doom, Jefe Maestro de la saga Halo o Lara Croft de la saga Tomb Raider, como también de personajes cinematográficos mundialmente conocidos como Luke Skywalker, Indiana Jones o el citado Terminator.

Aunque los dos primeros *arcades* plataformeros tuvieron una acogida parcialmente satisfactoria, el éxito de crítica y público llegó con *Duke Nukem 3D*, superando en poco tiempo los tres millones de unidades vendidas y afianzando el título de 3D Realms como un digno rival de *Doom* (ID Software, 1993). También pudo medirse con *Quake* (ID Software, 1996), un videojuego que aparecería meses más tarde en el mercado y que mostraría un nivel técnico y artístico muy superior, así como una ambientación terrorífica y una IA de los enemigos más avanzada. Pero *Quake*, aunque objetivamente era un mejor producto jugable y audiovisual, no tenía a un personaje tan carismático y emblemático como el propio Duke.

Sin embargo, 3D Realms no supo aprovechar el potencial del personaje, su gran baza para ser uno de los principales baluartes del género *shooter* en primera persona. Tampoco apostó por intentar profundizar en el universo narrativo que había creado y expandirlo con videojuegos u otro tipo de productos de calidad, sino que siguió enfatizando el mismo humor negro y la reiteración de las mismas bromas escatológicas y sexistas. La prueba más fehaciente de ello fueron las obras que se lanzaron *a posteriori*. El siguiente en aparecer en el mercado fue *Duke Nukem: Time to Kill* (3D Realms/n-Space, 1999), el videojuego se publicó en exclusiva para la primera PlayStation, un movimiento extraño en tanto que el personaje era más popular en PC, lo que supuso una gran decepción entre la comunidad de fans. La obra recibió críticas dispares, incluso algunas positivas, pero aun así no consiguió ser el videojuego que catapultara a Duke en videoconsolas y pasó inadvertido para gran parte de la comunidad. Tan solo un año después apareció *Duke Nukem Land of the Babes* (n-Space, 2000), un videojuego vilipendiado por la crítica, que además de no lograr ser incluido entre los cincuenta mejores títulos del año en PlayStation tampoco supo aportar nada nuevo a la fórmula ni a la evolución del personaje. Actualmente posee un 37/100 en *Metacritic*, una muestra de la poca calidad de la entrega.

Paralelamente, 3D Realms anunció el lanzamiento de *Duke Nukem Forever*, como un claro intento de revivir al protagonista y la saga. Sin embargo, su desarrollo acabaría recordado como uno de los más complejos de la historia, al ser abandonado por la desarrolladora a mitad del proyecto. La adquisición de los derechos por parte Gearbox permitió finalizar el proyecto, publicándose finalmente en 2011 para todas las plataformas. Lamentablemente, el título no cumplió las expectativas. Su nivel técnico era inferior a otros representantes del género, los diseños de nivel carecían de creatividad, los enemigos tenían una IA poco desarrollada, la jugabilidad era monótona y Duke era más Duke, pero no mejor. ¿El personaje había tocado su techo narrativo? Se sucedían las mismas bromas escatológicas, como tirar heces contra un cartel, chicas ligeras de ropa o frases irreverentes, pero nada nuevo sobre el horizonte. Algunos medios como *GameStop* o *Game Radar* le otorgaron un suspenso, otros como *Eurogamer Spain* o *IGN* un aprobado, mientras que *Vandal* y *3D Juegos* le dieron un notable bajo, consiguiendo finalmente un 54/100 de nota global en *Metacritic*, unas calificaciones parecidas a las que recibió por parte de los usuarios. Tampoco ayudó el año de su lanzamiento, 2011, considerado uno de los mejores años de la historia del videojuego gracias a títulos como *The Elder Scrolls V: Skyrim* (Bethesda Game Studios, 2011), *Portal 2* (Valve Corporation, 2011), *Uncharted 3: La traición de Drake* (Naughty Dog, 2011), *Dark Souls* (From Software, 2011), *Star Wars the Old Republic* (BioWare y Electronic Arts, 2011), *Gears of War 3* (Epic Games, 2011), *Dead Space 2* (Visceral Games, 2011), *L.A. Noire* (Rockstar Games y Team Bondi, 2011), *The Legend of Zel-*

da: Skyward Sword (Oyama y Nintendo, 2011), *Call of Duty: Modern Warfare 3* (Infinity Ward y Treyarch, 2011), *Batman Arkham City* (Rocksteady, 2011), *The Witcher 2: Assassins of Kings* (Cd Projekt, 2011), *Forza Motorsport 4* (Xbox Game Studios, 2011) o *Battlefield 3* (DICE, 2011), entre muchos otros.

Pese a ello, con los años se ha convertido en una especie de juego de culto y hay una pequeña comunidad que defiende a ultranza este título, algo que, ya sea por ir a contracorriente o por algún tipo de explicación sociológica que se desconoce, suele suceder a menudo cuando un producto es vilipendiado por la crítica especializada y gran parte de los usuarios. Por todo lo acontecido, es evidente que tanto los fans como el personaje, se merecían un producto técnica, jugable y, sobre todo, narrativamente mucho más pulido y trabajado. En todo caso, sea por la poca calidad del título, por el desastroso y dilatado desarrollo, por la pérdida del interés de la comunidad, por la ínfima evolución narrativa del personaje, por la gran competencia del mercado o por un cúmulo de todas estas causas, *Duke Nukem Forever* supuso el principio del fin del personaje.

¿Cuánto de antihéroe hay en Duke Nukem?

Aunque narrativamente está muy lejos de la profundidad y la evolución de los personajes antiheroicos de los últimos años, se puede afirmar fundamentalmente que Duke es uno de los primeros personajes que logró encajar en el traje de antihéroe. El personaje demuestra que un protagonista sin el corsé estructural de los típicos patrones literarios puede funcionar y, además, servir como palanca creativa para la creación de todo un universo narrativo transmedia que alimente y se nutra a la vez de una gran comunidad de jugadores.

No obstante, Duke incumple muchos rasgos antiheroicos. Por ejemplo, no se presenta en contradicción consigo mismo ni muestra un conflicto interior profundo, tampoco es repudiado por su pueblo o entorno, su arco evolutivo es inexistente, la narrativa sobre sus orígenes no es relevante, la trama no presenta un subtexto que permita expandirse. Tampoco se desarrollan tropos sobre su pasado o dilemas sobre las decisiones que debe tomar, ni tan siquiera se muestra a un personaje dispuesto a cuestionarse en ningún momento, ni cuando accidentalmente (o no) acababa con la vida de civiles (las *strippers*) en *Duke Nukem 3D*. En este sentido, es un personaje bastante lineal y con escasas capas narrativas que le doten de una cuestionable moral. Incluso es posible afirmar que, según se interprete, podría ser un villano al que le ha tocado salvar el mundo, pero que solo está preocupado por sí mismo y por las apuestas, los vicios, el sexo y sus ansias de violencia.

Pese a esta consideración, Duke sí tiene otros tantos rasgos que lo definen como antihéroe. Principalmente, se mueve por la venganza, quiere vengarse de los enemigos que le han roto su nave o los que amenazan la vida de sus *chicas*. También tiene un código ético y, aunque sea un agente de la CIA, actúa mediante su propia convicción y no sigue los estandartes propios de un soldado al servicio del Gobierno. Del mismo modo, es brutal en sus acciones, un elemento muy propio de los antihéroes. Otros rasgos que poseen los antihéroes es el humor irónico, algo que Duke lleva al extremo, como también Deadpool o Conker, personajes que se tratan en próximos capítulos. Asimismo, se observa una clara tendencia hacia el hedonismo y el narcisismo, rasgos que también le separan de los héroes tradicionales y, finalmente, aunque sea un detalle menor, esa construcción del personaje con vicios, adicciones y abusando de bromas escatológicas, le distancian de cualquier atisbo de personaje virtuoso e idealista. ¿Sería posible imaginarnos a Batman, Superman, Wonder Woman o Capitán América fumando un puro mientras juega con heces o riéndose del cadáver de Indiana Jones? Ese es Duke, un origen primitivo, escatológico, irreverente y poco profundo de uno de los primeros personajes que podemos empezar a catalogar como antihéroe. No es el primer personaje con rasgos antiheroicos, pero sí es uno de los primeros en romper con el *monomito* y con los rasgos que definen a los héroes tradicionales.

CAPÍTULO II

DANTE
Y SU PARTICULAR
SÁTIRA DEL HÉROE
TRÁGICO

Sin un sentido jerárquico ni cronológico, el segundo destino es el Inframundo del universo narrativo de la saga Devil May Cry, protagonizada principalmente por Dante, hijo de Sparda. Se trata de un personaje que supone la encarnación de la sátira del héroe trágico y una historia que apuesta por la ruptura de algunos estereotipos literarios tradicionales. Con Dante se manifiestan elementos diferentes a los que se acostumbra a ver en las historias convencionales y en la estructura mítica de los relatos heroicos. Quizás Dante tenga mucho de héroe, pero también posee demasiado de antihéroe, al fin y al cabo, es mitad humano y mitad demonio. Dante debe ser considerado como un parteaguas entre la línea heroica y la villanía, mostrando que los personajes pueden ser grisáceos o plateados, como su cabello. El hijo de Sparda demuestra que, en ocasiones, la maldad necesita de seres capaces de combatirla con ira, rabia y brutalidad. Al fin y al cabo, fue la ira y la rabia la que propicia que Dante se transforme en demonio y logre así vencer a Mundus, el rey del Inframundo.

En su relato se describe un camino de ira y venganza, determinado al autoconocimiento. Pero también al descubrimiento de los puzles que conforman la composición de un personaje desafiante, atrevido, descarado y aparentemente libre de carga emocional y preocupación. Su arco evolutivo, del que se desprende una ligera y elegante burla y sátira a las historias épicas, está caracterizado por la autorrealización como cazademonios y la superación ante cualquier adversidad. Según evoluciona la trama, Dante también se interesa por arrojar luz a los interrogantes del pasado, las desapariciones de su padre y su hermano y la verdad sobre otros personajes que irán apareciendo en sus diferentes incursiones al infierno. Aunque Dante demuestra lealtad e indudable capacidad de sacrificio por los escasos seres queridos que le quedan con vida, nada le exime de disfrutar destruyendo y aniquilando hordas de criaturas emergidas del abismo y un sinfín de quimeras y monstruosidades dignas de la peor pesadilla imaginable. Estas y otras características que se describen a continuación hacen de Dante uno de los grandes antihéroes de este viaje atemporal.

Pese a compartir un pasado tormentoso con el estereotipo del héroe trágico, como les sucede a otros personajes antiheroicos que también han sufrido la pérdida de seres queridos, el locuaz cazademonios de cabello plateado no tiene tiempo para el duelo ni para relamerse sus heridas o lamentarse por la tragedia que acompaña a su familia. Su espada Rebellion y sus pistolas gemelas Ebony e Ivory reclaman almas y litros de sangre demoníaca y él disfruta siendo el más implacable y letal en su peculiar oficio. Es por ello por lo que el sistema de combate de la saga Devil May Cry está orientado a buscar la espectacularidad, la adecuación del estilo de lucha escogido, la elegancia de movimientos y la brutalidad adjudicando muerte a los demonios y demás abominaciones. De esta forma, la saga de Capcom bonifica al jugador cuando lo consigue a la par que fusiona la personalidad de Dante con la jugabilidad y la sensación de manejar a un auténtico antihéroe imparable y desmedido. El videojuego parece gritarle al jugador: *no te reprimas, no hay misericordia ni paz para los enemigos.*

Aunque este primer esbozo sobre la personalidad del personaje y sus motivaciones, ya dibujan al cazademonios mediante unos rasgos antiheroicos muy marcados y distintivos, lo que realmente convierte a Dante, hijo de Sparda, en uno de los más reconocibles y representativos antihéroes de la historia del videojuego es el infierno que desata tras de sí. Y lo hace, *a priori*, sin detenerse a meditar las consecuencias de sus actos o la devastación y el caos que provoca, o sin tomar partido desde el primer momento, pues parte de una situación despreocupada, incapaz de orientarse a las fuerzas del bien hasta que el personaje de Lady, le hace recapacitar y posicionarse:

> Fue mi padre quién empezó todo al sellar la entrada entre los dos mundos, y mi hermano quien quiere romper el hechizo y convertir la Tierra en el Infierno. Para mí también es un asunto familiar. Si te soy sincero, al principio no me importaba un pimiento. Pero gracias a ti, sé lo que debo hacer y por qué[10].

Como sucede con otros antihéroes como Kratos en *God of War III* (Sony Santa Monica, 2010), quien inunda Atenas al enfrentarse a Poseidón o a Marcus Fenix y su pelotón (saga Gears of War), la sed de venganza y el ansia de lucha han cegado a Dante en ocasiones en las que ha provocado un infierno en el mundo de los humanos. Quizás sea debido a su naturaleza medio humana y medio demoníaca o sea consecuencia de forjar su personalidad mediante la venganza. No obstante, siendo justos, para entender sus motivaciones y la personalidad narcisista y soberbia de Dante, es importante conocer sus verdaderos orígenes.

Por este motivo, el comienzo de este periplo nos traslada al inframundo en una época pretérita asolada por la mayor de las guerras que ha vivido el universo narrativo[11] de Devil May Cry[12]: la guerra entre Mundus, un demonio mayor del inframundo, y los humanos. Dos milenios antes, Mundus se había alzado como rey del abismo infernal y, comandando innumerables tropas demoníacas, se disponía a conquistar el planeta con la intención de someter y esclavizar a los seres humanos, quienes no podrían hacer frente a tal amenaza y se enfrentarían a una derrota total y absoluta.

....

10 Diálogo de Dante a Lady en *Devil May Cry 3: Dante's Awakening* (Capcom, 2005).
11 Este relato sobre los orígenes y la primera gran guerra entre ambos mundos se narra a lo largo de los diferentes videojuegos de la saga Devil May Cry y en el anime *Devil May Cry: The Animated Series* (2007), el cual es considerado canónico por la productora japonesa Capcom.
12 La saga Devil May Cry está conformada por seis videojuegos que se lanzaron entre 2001 y 2019.

Sin embargo, entre las filas del inconmensurable ejército del inframundo, se hallaba Sparda, un poderoso demonio apodado el Legendario Caballero Oscuro. Sparda valoraba la vida de los seres humanos y, por ello, decidió revelarse junto a otros demonios y hacer frente a Mundus. Aunque Sparda era un guerrero hábil y valeroso, su nivel de poder era inferior al de su terrible enemigo. No obstante, gracias a la catana Yamato[13], pudo repeler sus ataques y sellar las brechas que conectan el Portal Infernal del inframundo con el mundo de los humanos, consiguiendo una victoria contra todo pronóstico y trayendo momentáneamente la calma al mundo de los hombres y mujeres. Toda una gesta que significará un punto de inflexión en la historia y sembrará la discordia eterna entre ambos mundos.

Adoptando la forma humana, Sparda conoció a la joven Eva[14], con quien mantendría una relación amorosa y de cuyo amor nacerían dos hijos: Vergil y Dante, unos gemelos a los que Eva entregaría sendos amuletos infernales. Los niños pronto mostrarían aptitudes y destrezas para el combate, por lo que, siendo aún muy infantes, su padre les entrenó en el uso de la espada y las armas de fuego. Al cumplir 8 años, Sparda regaló su catana Yamato a Vergil y su espada Rebellion a Dante. Tiempo después, el legendario caballero oscuro, sintiendo que el poder demoníaco había crecido demasiado en él, decidió autosellarse eternamente con el único fin de preservar la armonía. Paralelamente, pese a que durante estos años nada hacía indicar que Mundus siguiera con vida, este se revolvía en el Inframundo, planeando la forma de vengarse. Y, finalmente, la encontró. Mundus consi-

....

13   *Yamato* es una catana que, según el códice de la saga Devil May Cry, fue forjada por Sparda durante su vida en el inframundo, antes de rebelarse contra Mundus y su ejército. Cuenta la leyenda que Yamato tiene poderes oscuros imbuidos y que nada puede resistirse a su corte, siendo así una de las armas más peligrosas de la longeva saga.
14   Los desarrolladores reconocen que el nombre de Dante está basado en Dante Alighieri, escritor y poeta renacentista que inscribió la *Divina Comedia*, una de las obras más importantes de la literatura universal. Sin embargo, ¿hasta qué punto los guionistas de DMC quisieron inspirarse en el relato bíblico de Adán y Eva al contar los orígenes de Dante y su hermano? Además, la coincidencia entre el nombre de Eva o que tuvieran dos hijos, también reconocemos las diferencias entre ambos, uno más orientado al bien y otro al mal.

guió abrir una brecha entre ambos planos dimensionales y logró enviar así a algunos de sus mejores sicarios contra la familia de Sparda.

Aquí comienza la verdadera historia de Dante, de cómo su madre, Eva, murió a manos de estos demonios y su hermano, Vergil, desaparece en extrañas circunstancias. Para aquellos jugadores que aún no conozcan la saga, no se desvelarán más detalles sobre la historia más que estos que pertenecen al prefacio de la primera entrega cronológica.

Desarraigo, soberbia y orgullo desmedido: sus grandes rasgos antiheroicos

> No dependas de nadie en este mundo porque hasta tu propia sombra te abandona en la oscuridad.
> Vergil (*Devil May Cry 3*)

Puesto que Dante posee una naturaleza híbrida: mitad humana y mitad demoníaca, y teniendo en cuenta que los demonios no tienen apellido, es más correcto llamarle Dante, hijo de Sparda, aunque popularmente se le conozca como Dante Sparda. Asimismo, Mundus y otros seres del inframundo se refieren a él con el apodo de Hijo de Sparda, aunque tiene otros alias como pueden ser Cazademonios o Cazador de Demonios en alusión a su principal oficio. Bajo ese mismo objetivo, junto a Trish, funda la compañía *Devils Never Cry*, la cual pasaría a llamarse finalmente *Devils May Cry*.

En lo que se refiere a su aspecto físico y su diseño artístico, muchos usuarios habrán advertido el curioso parecido que tienen las primeras versiones de Dante con Leon S. Kennedy de la saga Resident Evil. No es casualidad ni tampoco se debe a que ambos personajes sean de Capcom; el verdadero motivo es que el primer Devil May Cry (Capcom, 2001) se diseñó en sus inicios como la cuarta entrega de Resident Evil. No obstante, acabó siendo el videojuego del matademonios híbrido que revolucionó el género de los *hack and slash* y acción. En su versión definitiva, es posible afirmar que Dante es un personaje atractivo, de mirada penetrante y ojos azules. Su rostro, ligeramente aniñado, le hace aparentar menos edad de la que realmente tiene, salvo en *Devil May Cry 5* (Capcom, 2019), única entrega en la que parece que el tiempo o la edad le afecte. Su rasgo más característico es su cabello blanco con tonos plateados y media melena. Con 1,86 m de altura, posee un cuerpo atlético y, aunque demuestra tener una fuerza descomunal, su cuerpo no está tan musculado como el de otros personajes protagonistas de este libro. Cuando se transforma en su forma demoníaca, su fuerza se triplica e inspira terror y pudor, además de conseguir inhibirse y dar rienda suelta a su capacidad de destrucción y devastación. Sin duda, su forma demoníaca le acerca más al antihéroe, no por su aspecto físico, sino por el caos que desata a su paso y la brutalidad de sus acciones.

En lo que respecta al intelecto de Dante podría decirse que es elevado. Pese a no ser una de sus características principales, ha demostrado una gran audacia para descifrar puzles, evitar trampas o encontrar la salida en complejos laberínticos. Sin embargo, muchas veces es incapaz de ver las verdaderas intenciones de algunos personajes, como se ha podido comprobar en diferentes entregas de la saga, quizás también sea debido a ese exceso de confianza. Del mismo modo, su gran ego, su excesiva soberbia y desmedido orgullo le llevan a apresurarse y a no pensar estratégicamente, algo en lo que otros antihéroes como Kratos o Max Payne, también coinciden. En *Devil May Cry 5* se presenta a un Dante más maduro y experimentado en combate. Es conocedor de su potencial, pero también más capacitado para dimensionar el combate y no infravalorar tanto a su enemigo. Algo que sí hacía en *Devil May Cry 3: Dante's Awakening* (Capcom, 2005), el primero cronológicamente hablando, donde aparece un Dante más adolescente, inexperto e impetuoso. Como en otros antihéroes, Dante está sexualizado, es brutal, despiadado y no tiene reparos en mostrar sus vicios o adicciones. De hecho, tanto en el *anime Devil May Cry: The Animated Series* (Itagaki, 2007) como en el epílogo de *Devil May Cry 4* (Capcom, 2008), se deja patente su amor por la marca de whisky Jack's Daniels.

En cuanto a su nivel de poder, Dante es capaz de aniquilar a todo tipo de seres sobrenaturales, demonios, ángeles caídos, quimeras y monstruosidades. El cazademonios es prácticamente el guerrero perfecto; actuando como un ejército de un solo hombre puede vencer a hordas de demonios sedientos de sangre sin despeinarse. Posiblemente, sus únicos puntos débiles sean la soberbia y el exceso de confianza, consecuencia de un orgullo desmedido. Gracias a su elevada resistencia y capacidad de regeneración, se permite tomar ciertas licencias en los enfrentamientos, persiguiendo siempre la espectacularidad en el combate, buscando superarse a sí mismo continuamente. Seguramente sea uno de los antihéroes más poderosos de todos los que, hasta la fecha, han protagonizado un videojuego. Su nivel de poder es equiparable al poder de los otros grandes antihéroes como Bayonetta, Kratos o Alex Mercer. ¿Quién de los cuatro saldría vencedor en un combate en igualdad de condiciones? Posiblemente no hay una respuesta correcta a esta pregunta, pero lo que sí se puede afirmar es que los cuatro tienen un nivel de poder altísimo y son rivales terribles, capaces de presentar batalla a casi cualquier héroe o superhéroe que se pueda enfrentar a ellos.

Dante en los videojuegos

El cazademonios por placer, por encargo y por venganza tiene su primera aparición en *Devil May Cry* (Capcom, 2001). Desde entonces, se ha erigido como protagonista principal en las cinco entregas numeradas de la saga: *Devil May Cry* (Capcom, 2001), *Devil May Cry 2* (Capcom, 2003), *Devil May Cry 3: Dante's Awakening* (Capcom, 2005), *Devil May Cry 4* (Capcom, 2008) y *Devil May Cry 5* (Capcom, 2019). Aunque no siempre ha sido el único protagonista, ya que en la cuarta entrega comparte protagonismo con Nero y en la quinta y, hasta la fecha, última, la obra plantea su desarrollo mediante el control de tres personajes: el propio Dante, Nero y un nuevo y misterioso personaje llamado V.

EL MATADEMONIOS. A Dante los años no le han restado ni un ápice de soberbia y brutalidad. Copyright: Capcom, 2019.

Dante también ha aparecido como personaje jugable dentro del elenco de luchadores en *Marvel vs. Capcom 3: Fate of Two Worlds* (8ing/Raizing y Capcom, 2011), *Ultimate Marvel vs. Capcom 3* (8ing/Raizing y Capcom, 2011) y en *Marvel vs. Capcom: Infinite* (Capcom, 2017). Por otro lado, es un personaje secundario o realiza cameos en otros videojuegos como *Viewtiful Joe* (Capcom, 2003) o *Shin Megami Tensei: Nocturne* (Atlus, 2003), entre otros. Además de la saga principal de Devil May Cry, en el año 2013 apareció un intento de *reboot* realizado por Ninja Theory y distribuido por Capcom. Esta obra tuvo una recepción muy dispar. Recibió enormes críticas por el replanteamiento tanto narrativo como estético del personaje, pero también acumuló elogios por su jugabilidad, su ambientación y el diseño de algunos niveles y enemigos. Bajo el nombre de *DmC: Devil May Cry* (Ninja Theory, 2013), Dante pierde su característico cabello blanco-plateado para ser moreno, también pierde algunas de las facciones características de su rostro y se reescribe su origen, siendo ahora un nefilim. Aunque el videojuego, a nivel técnico y jugable, era notable e incluso tenía niveles con un diseño original, la nueva historia, el nuevo modelado del personaje y la calidad global del título no fueron suficientes para una comunidad de jugadores que se sentía contrariada y defraudada por no respetar a un personaje tan admirado y querido. Ese hecho hizo que nunca hubiera una segunda entrega de dicho *reboot*, y años más tarde, en 2019, aparecería la quinta entrega de la saga original, esta vez a manos de Capcom, como las cuatro anteriores.

Once años después de la cuarta entrega, *Devil May Cry 5* (Capcom, 2019) consigue reconducir una saga que parecía olvidada y darla a conocer a una nueva hornada de *gamers*. Su motor RE Engine (utilizado previamente en *Resident Evil 7*) le ha permitido desplegar un sistema de combate muy pulido y ágil que, unido a las nuevas posibilidades jugables que aporta el poder manejar a tres personajes tan diferentes, ha desembocado en una obra ganadora de numerosos premios y elogios por la crítica, alcanzando notas excelentes en la mayoría de los medios especializados. Todo ello se tradujo en la comercialización de cinco millones de unidades y en volver a posicionar a Dante junto a los personajes más reconocibles y valorados por la comunidad. Seguramente Capcom seguirá exprimiendo uno de sus personajes insignia con nuevas entregas y con algún que otro *remake*, tal y como está haciendo con la saga Resident Evil. Volverán los grandes alardes de caos y destrucción de Dante contra hordas de demonios que huyen despavoridas al inframundo.

Tras conocer a Dante es posible definir sus principales rasgos antiheroicos: soberbia, orgullo desmedido, un relato que esconde un pasado tormentoso, actúa fuera de la ley y se muestra brutal y despiadado con sus enemigos. También le caracteriza su desarraigo de la sociedad, pues ni pertenece al mundo de los humanos ni mucho menos al de los demonios, ni tampoco le incumben los problemas de los humanos.

Es momento de dejar a Dante y el inframundo y viajar al salvaje Oeste para vivir una historia radicalmente opuesta a la del cazademonios. Allí esperan John Marston y Arthur Morgan y sus trágicas historias.

CAPÍTULO III

ARTHUR MORGAN Y JOHN MARSTON, HEREDEROS DE LA TRILOGÍA DEL DÓLAR

No puedes vivir una mala vida y que te sucedan cosas buenas.

Arthur Morgan (*Red Dead Redemption 2*)

Para la séptima generación de consolas (Xbox 360, PlayStation 3,...), *Red Dead Redemption* (Rockstar San Diego, 2010) supone la culminación del sueño de muchos jugadores que buscaban vivir el espíritu del viejo Oeste en su piel. El título logra recrear el ambiente e imaginario de forma fiel en un mundo abierto que se siente dinámico y vivo, replicando la exitosa y característica fórmula previamente desarrollada en la saga Grand Theft Auto. Rockstar diseña así una experiencia que permite al jugador sentir el espíritu de duelos al atardecer, robos a bancos, persecuciones a caballo, tiroteos entre bandas o noches en los salones a ritmo de póker, whisky y compañías de dudosa moralidad. Todos ellos son elementos característicos y tópicos narrativos del género cinematográfico del wéstern americano de las décadas de los años sesenta y setenta. A su vez, también son tropos que conforman el imaginario social de esta peculiar época, ahora también reproducidos en la industria del videojuego.

Previamente, en 2004, Rockstar realiza una incursión en dicho género con *Red Dead Revolver*, obra considerada la antecesora espiritual del primer *Red Dead Redemption*. Aunque se trate de un videojuego de acción y aventuras notable, la historia de *Red Dead Revolver* está repleta de demasiados clichés y su argumento es excesivamente lineal y poco inspirado. Para el periodista Carlos Leiva, se trata de «una narrativa que nos llevaba a cambiar de un personaje a otro constantemente y que no era capaz de desarrollar a ninguno de ellos[15]». Ese hecho, unido a su escasa profundidad, un multijugador exclusivamente local y a que técnica y artísticamente se siente limitado, provoca que haya pasado desapercibido por gran parte del público. Sin embargo, siendo un título de acción entretenido, consigue sembrar la semilla del que, seis años después, es considerado uno de los mejores videojuegos de su género y época: *Red Dead Redemption* (RDR, en adelante).

RDR significa un punto de inflexión tanto en el género como en la narrativa ambientada en el salvaje Oeste, y así lo demuestran sus más de once millones de copias vendidas, un multijugador estable el primer año de lanzamiento y el éxito de su premiado DLC, *Undead Nightmare* (Rockstar San Diego, 2010). Esta expansión presenta una pesadilla onírica que fusiona el wéstern con el apocalipsis zombi de forma creativa y otorga una buena cantidad de horas extras para alargar la duración del título original. Pero lo que realmente hace de RDR una obra maestra es la profundidad y complejidad narrativa, el ecosistema vivo, la dirección de arte y, especialmente, la construcción de John Marston, el personaje principal de la historia.

Existen muchas similitudes entre Marston y el *hombre sin nombre* que encarna Clint Eastwood en la reconocida Trilogía del Dólar: *Por un puñado de dólares* (Leone, 1964), *La muerte tenía un precio* (Leone, 1965) y *El bueno, el feo y el malo* (Leone, 1966). Estas tres películas, aunque no forman parte de una misma historia, sí suponen el eje del subgénero del wéstern, conocido como *spaghetti western*[16]. Cuando el jugador se hace a los mandos de Marston, es fácil que sienta reminis-

....

15   Leiva, C. (8 de octubre de 2020). El origen de Red Dead Redemption: el juego de Capcom que Rockstar rescató. *Vandal*. https://bit.ly/3XxEjJL
16   Recibieron este sobrenombre por la procedencia italiana de Sergio Leone, el premiado guionista, productor y director de cine. Además, todas ellas tuvieron la banda sonora de Ennio Morricone, el laureado compositor italiano. Sin embargo, también se conocen como *Spanish western* porque todas fueron grabadas en Almería y parte de los secundarios, extras y figurantes que forman parte de la producción eran españoles.

cencias con los personajes (y sus atributos antiheroicos) que siempre han caracterizado a los protagonistas diseñados por Sergio Leone en dicha trilogía.

Nacido en 1873 y perteneciente desde muy joven a la banda de forajidos de Dutch Van der Linde, John Marston es representado como un forajido sobrio, impaciente y distante. Sus habilidades con el rifle o el revólver son innegables, como también lo es su capacidad para meterse en problemas. Su personalidad destaca por la tenacidad y resiliencia que muestra en las situaciones adversas que debe afrontar constantemente, atributos que suelen estar muy presentes en la mayoría de los antihéroes. Otro rasgo antiheroico de Marston es su pasado oscuro y tormentoso. Los indicios de este se remontan a la tragedia de su madre, una prostituta de la que apenas se conocen detalles y que falleció al alumbrarle. Por su parte, su padre, un inmigrante alcohólico, murió cuando John tenía 8 años. En ese momento, John fue ingresado en un orfanato pero, al poco tiempo, se fugó para emprender su camino al margen de la ley hasta que a la edad de 13 años se integró en la banda de Dutch. Este hecho también lo vincula a la categoría de los antihéroes, sujetos que suelen actuar al margen de la ley, que acostumbran a guiarse por un código ético propio y de los que el pueblo poco o nada espera. Sujetos que no están llamados a protagonizar ninguna aventura épica sino a escaparse con el botín o a cometer cualquier delito en beneficio propio.

Sin embargo, conforme avanza la trama y se profundiza en el personaje y este va creciendo, se aprecia que Marston no es un forajido más, sino un personaje en busca de redención. Se trata de un individuo complejo y atormentado, que ha cometido delitos por sobrevivir, en defensa propia o simplemente buscando justicia. Marston es un individuo que, aunque tenga las manos manchadas de sangre, busca hacer las cosas bien y, sobre todo, intenta que su hijo no siga su camino. La complejidad y profundidad narrativa de Marston provoca que *IGN* y *GameSpot* le otorguen el premio a mejor personaje de videojuego del año 2010 y que

GamesRadar y *GameSpy* le nombren uno de los mejores personajes de su generación y de la historia del videojuego, respectivamente.

¿Aún más antiheroico?

Si Marston es un personaje redondo y su final no escatima esfuerzos en regalar una gran dosis de epicidad trágica, con *Red Dead Redemption 2* (2018), Rockstar San Diego tiene la difícil tarea de igualar, o incluso superar el nivel narrativo de este personaje. Y para muchos medios lo consigue gracias al forajido Arthur Morgan. Los guionistas de Rockstar demuestran que la mejor forma de construir al protagonista del que sería uno de los videojuegos más vendidos de la historia[17] es dotarlo de un humanismo superlativo. Este hecho permite a los jugadores sentir en sus mandos cada pensamiento o reflexión de Arthur, cada cambio de humor o ver cómo se distancia paulatinamente de ciertos personajes lentamente o va cogiendo cariño a otros. En este sentido, es interesante el enfoque del creador de contenido Psicothing: «Morgan es ese protagonista de ciertas historias que te marcan. Es un personaje que aprendes a amar y odiar por sus muchas tonalidades de grises y sus muchas facetas extremas[18]».

El excelente nivel de realismo conseguido con Morgan se debe, en gran medida, al *gameplay* de *Red Dead Redemption 2* (RDR 2, en adelante). Pero también la recreación del viejo Oeste y la ciudad de Saint Denis gracias a un mundo abierto tan trabajado y dinámico, como pocas veces se ha visto. El videojuego destila calidad a raudales y demuestra que los ocho años invertidos en su desarrollo no han sido en vano. Su jugabilidad permite profundizar en infinidad de matices, conocer el subtexto de las subtramas secundarias y vivir el contexto histórico y los problemas so-

....

17 Actualmente ocupa el noveno puesto de los videojuegos más vendidos de la historia, con 46 millones de copias.
18 Psicothing (2020). https://www.youtube.com/watch?v=8deZnd5FEfk

cioeconómicos de esta época. También ayuda a entender el *leitmotiv* de los personajes principales y secundarios y apreciar la evolución de sus arcos narrativos. Pero, por encima de todo, consigue emocionar y propone al jugador que se pregunte qué haría en la piel de Morgan y sus compañeros.

Si Marston es considerado como uno de los personajes del videojuego mejor construidos y con mayor profundidad, Morgan no se queda atrás. El protagonista de *RDR 2* es todavía más antiheroico y proyecta una sombra aún más oscura y alargada. Morgan encarna a la perfección al forajido en busca de la redención, y el perdón de los pecados es la esperanza aun sabiendo que no existe un futuro para él, es la contradicción hasta que empieza a enderezar su camino y su vida. Un sendero que, como no podía ser de otra forma, le lleva directo a combatir sus demonios interiores, pero también a aquellos que le han rodeado todo este tiempo y no supo o no quiso ver cómo eran en realidad.

ARTHUR MORGAN Y LA IMPERFECCIÓN. Arthur siempre camina entre la oscuridad del pasado que deja atrás y los rayos de luz que se atisban entre los demonios que le confrontan. Copyright: Rockstar Games, 2018.

Cualquier jugador que invierta unas horas en *RDR 2* podrá apreciar que tiene la libertad suficiente para cometer actos delictivos como asaltar una tienda o una diligencia, asesinar a civiles y empezar una pelea en una cantina. Sin embargo, también puede convertirse en un justiciero, un caza-rrecompensas, alguien capaz de ayudar a unos enamorados o simplemen-te charlar con un huérfano y hacerle sentir que no está solo en el mundo. La historia lleva a los jugadores por un sendero más o menos prefijado, pero el mundo abierto aporta la libertad para encarnar a uno de los antihé-roes más profundos que se hayan diseñado nunca para un videojuego de este género.

Serán los jugadores quienes decidan darle esos matices morales que acaban por construir la definitiva personalidad de Morgan. Y tras esta decisión, el viaje prosigue hacia Racoon City, donde espera la primera pero no la última integrante femenina de este compendio de antihéroes y anti-heroínas del videojuego.

CAPÍTULO IV

ADA WONG Y SU RUPTURA CONCEPTUAL DE LA DONCELLA EN APUROS

¿Por qué ya nada se queda muerto cuando lo matas?

Ada Wong (*Resident Evil 6*, Capcom, 2012)

El videojuego *Resident Evil 4* (Capcom, 2005), tanto en su versión original para Nintendo GameCube como en sus posteriores para PS2 y Xbox, además de ser un título muy divertido y sorprendente para su época, aporta interesantes y novedosos elementos jugables a la saga:

> Las sensaciones de *survival horror* estaban magistralmente implementadas gracias al diseño del mapeado, el nuevo tipo de enemigos y una sucesión de escenas que, sorprendentemente, conseguían transmitir las sensaciones esperadas en un Resident Evil[19].

No obstante, narrativamente responde, en gran medida, al viaje del héroe, personificado en Leon S. Kennedy, quien tiene que arriesgar su vida y luchar prácticamente solo contra una horda de enemigos para rescatar a la hija del presidente, Ashley Graham. El personaje de Ashley, por su parte, representa *la damisela en apuros*, otro estereotipo clásico de la literatura que ha trascendido a la cinematografía y al videojuego. Sin embargo, muy avanzado este periplo epopéyico, vuelve a entrar en escena una mujer misteriosa, que ya había aparecido previamente en *Resident*

....

19   Frankie, MB. (16 de enero de 2020). *Resident Evil 4*, o cómo Capcom forjó el último gran Resident Evil tras dilapidar cinco prototipos. *Vida Extra*. https://www.vidaextra.com/cultura/resident-evil-4-como-capcom-forjo-ultimo-gran-resident-evil-dilapidar-cinco-prototipos

Evil 2 (Capcom). Dicha mujer, que suele aparecer de la nada y sin explicación argumental, cumple con el tópico narrativo del *deus ex machina* que tantas veces se usa en los videojuegos. Su nombre es Ada Wong, aunque la trama de la saga Resident Evil no aclara si se trata de su nombre real. En sus pocas apariciones, Ada logra imprimir una interesante dosis de misterio e interrogantes a la historia justo cuando esta empieza a sentirse demasiado predecible. Sin embargo, sus apariciones suelen ser fugaces, recordando que su papel es secundario y volviendo a dejar todo el protagonismo a Leon S. Kennedy, el súper soldado, virtuoso y heroico.

En la versión beta del personaje, el primer nombre de Ada era Linda Wong y trabajaba como científica. Afortunadamente, esta versión fue desechada para crear la enigmática y compleja espía tan característica de la saga. Nació en 1974, aunque se desconoce con seguridad el lugar de nacimiento. Tiene nacionalidad estadounidense y rasgos asiáticos. Asimismo, por algunas simbologías y vestimentas, su origen se asocia con China. Trabajó para la denominada Organización hasta 1998. Su principal especialidad como agente es el espionaje, un trabajo que ha realizado para varias pseudoorganizaciones o grupos, aunque también trabaja independientemente, traicionando a sus jefes cuando la ocasión lo requiere. Simultáneamente, ha sido contratada como asesina en varios operativos, incluyendo el liderado por Albert Wesker en los acontecimientos de *Resident Evil 4* (Capcom, 2005).

El códice de la saga Resident Evil no aporta datos anteriores a 1998, por lo que, hasta la fecha, no existen datos relevantes de su infancia y su adolescencia como tampoco de sus progenitores. Aunque Ada ha cosechado innumerables enemigos en todas las entregas de la saga, no posee un personaje némesis en su arco narrativo y lo más parecido a un archienemigo es Derek C. Simmons, científico que siempre ha mostrado una obsesión enfermiza con ella. En este sentido, Simmons incluso llega a clonar a Ada cuando esta le rechaza. No obstante, Ada siempre ha demostrado ser una caja de sorpresas, capaz de sobrevivir a las mayores exigencias de los guionistas y a cualquier nueva abominación derivada del virus T y de Umbrella.

¿Cómo ha resistido al infierno de Racoon City y al virus-T?

Ada, teóricamente, falleció a manos del Tyrant T-103 en *Resident Evil 2* (Capcom, 1998). Sin embargo, sorprendentemente sobrevivió a su herida mortal para reaparecer en *Resident Evil 3: Nemesis* (1999), *Resident Evil 4* (2005), *Resident Evil 6* (2012) y, obviamente, en *Resident Evil 2 Remake* (2019). También aparece en la película de animación *Resident Evil Damnation* (Kamiya, 2012) y, por supuesto, en *Resident Evil 4 Remake* (2023).

Ada es uno de los pocos personajes que puede presumir de sobrevivir más de veinticinco años en un apocalipsis zombi de escala mundial. En este contexto hay engendros prácticamente indestructibles como Tyrant o Némesis, maníacos con poder sobrehumano como Albert Wesker, científicos psicópatas como Simmons y corporaciones omnipresentes que exterminan a todo aquel que se pone en su camino. Este hito se debe a sus habilidades de supervivencia, técnicas de combate y sigilo, pero también de su resiliencia, astucia y fortaleza, tres atributos muy comunes en los antihéroes y antiheroínas.

Físicamente, Ada es una mujer de 1,70 m, de cabello moreno corto, complexión delgada y atlética, con rasgos asiáticos. Su gran belleza y sensualidad, sumados a su aura de misterio y su letalidad, la convierten en un arquetipo de *femme fatale*. Pese a estar rodeada de caos, peligro y muerte, Ada siempre viste de forma elegante, con el color rojo como rasgo identificativo y el negro como secundario, además del símbolo de la mariposa.

Ada destaca por su inteligencia, su capacidad de reacción ante cualquier situación y por ser más astuta que otros personajes más impulsivos e irascibles. Esa frialdad le otorga un plus táctico que le permite escoger siempre la opción más inteligente. Únicamente pone su vida en peligro cuando se ve obligada a intervenir en varias ocasiones para salvar a Leon S. Kennedy. Además de su entendimiento y astucia, propias de todo buen espía que se precie, Ada posee avanzados conocimientos de combate cuerpo a cuerpo y está dotada de grandes reflejos y agilidad. Gracias a su capacidad de observación y su mente estratega, si cree que va a ser derrotada, podrá escabullirse, pues si algo le caracteriza por encima de todo, es ser una superviviente nata. Ada también se muestra muy competente con todo tipo de armas blancas y armas de fuego, desde pistolas a metralletas o armamento de gran calibre como lanzamisiles. Es experta en el manejo de explosivos y también ha demostrado técnicas de infiltración mediante el manejo del *software* informático y el desencriptamiento de sistemas de seguridad.

Además de estas habilidades, Ada posee tres elementos que la convierten en un personaje único en toda la saga Resident Evil. El primero es el don de aparecer justo en el lugar y el momento oportuno en el que su presencia es más necesaria. Gracias a ello, ha sido crucial en los enfrentamientos a muerte de Leon S. Kennedy contra Jack Krauser y Osmund Saddler en *Resident Evil 4* (Capcom, 2005). El segundo es su capacidad para seducir a los hombres y sacar partido de ello, como *femme fatale*, pero siempre empoderada de su cuerpo y sus actos, no servil ni sumisa. Y, en tercer lugar, es el personaje más impredecible de toda la saga, por lo que sus reacciones y decisiones no se pueden prever y eso le permite engañar a personajes tan astutos e infalibles como Albert Wesker. Su experiencia en combate y en situaciones de alto riesgo, además de todas las habilidades comentadas, hacen de Ada Wong una mujer letal y una superviviente única y, aunque no ha protagonizado ninguna de las entregas numeradas y canónicas de la saga, es uno de los personajes más apreciados por los fans.

¿Qué hace de Ada un personaje diferente?

Ada Wong es un claro ejemplo de antiheroína, sin embargo, no suele aparecer en los listados o *rankings* de personajes antiheroicos de la industria del videojuego. Seguramente este hecho se deba a su desempeño como personaje secundario, porque no es tan popular como otros o porque hay demasiados interrogantes acerca de sus intenciones y su *leitmotiv*. Como todos los antihéroes o antiheroínas, Ada no responde al monomito ni tampoco a estereotipos clásicos de héroes ni de villanos, aunque, como se ha dicho anteriormente, sí encarna el estereotipo de *femme fatale*.

Pese a seguir órdenes y cumplir sus misiones, no duda en tomar las riendas de la situación y traicionar a sus jefes si considera que debe actuar de otra forma, mostrando que, pese a ser un personaje frío, distante y muy calculador, posee un férreo código ético propio y cuestiona las motivaciones de las grandes corporaciones y empresas. Como se ha comentado, es altamente impredecible y, por ello, también es ambivalente, por lo que no es un personaje abnegado a causas justas o al bien común, aunque, en ocasiones, salva a los inocentes cuando ello no le impide conseguir sus objetivos principales.

Como la mayoría de los personajes antiheroicos, posee un pasado oscuro y desconocido y sus motivaciones acostumbran a nacer de fines egoístas, aunque su arco evolutivo le lleva a ponerse en peligro por salvar a otros, algo muy propio de los antihéroes aunque popularmente se crea lo contrario. También es muy resiliente y no muestra clemencia ni misericordia ante sus enemigos. Si bien no cumple, o cumple parcialmente, el rasgo antiheroico de la venganza, pues no es un personaje que se pueda catalogar como vengativo o, al menos, no es uno de los rasgos que mejor la definen. Tampoco se muestra como un personaje atormentado o con problemas de salud mental, como otros antihéroes.

En definitiva, es posible afirmar que Ada Wong es, sin lugar a duda, el personaje más misterioso, despolarizado, enigmático e impredecible de toda la saga Resident Evil. Es tal el desconcierto que genera que, incluso en la *wiki fandom* de la saga Resident Evil, los usuarios se manifiestan contrariados acerca de sus verdaderas intenciones y no encontramos una opinión unánime sobre si fue real la relación de amor con Leon S. Kennedy, protagonista de *Resident Evil 2* y *Resident Evil 4*, o Ada únicamente utilizó a Leon para conseguir sus propias metas.

Seguramente se verá mucho más de esta interesante y enigmática antiheroína en futuras entregas de la saga, y no solo en el *remake* del citado *Resident Evil 4* y en el DLC: *Resident Evil 4: Separate Ways* (Capcom, 2023). Pero, mientras eso ocurre, este viaje narrativo fija la siguiente parada en Dubái para conocer parte de la historia de uno de los antihéroes más desconocidos de todos los que aparecen en este libro y, seguramente, uno de los más atormentados: el Capitán Martin Walker.

CAPÍTULO V

LOS TRAUMAS BÉLICOS Y EL CONFLICTO INTERNO EN MARTIN WALKER

Tienes que ser fuerte para negar lo que tienes delante y,
si la verdad es innegable, creas otra.
Coronel John Konrad en *Spec Ops the Line* (Yager Development, 2012)

En la actualidad *Spec Ops: The Line* (Yager Development, 2012) es considerado un videojuego de culto por muchos *gamers* y, pese a que ha pasado más de una década desde su lanzamiento, son numerosos los creadores de contenido y especialistas del sector que siguen hablando de este *shooter* bélico. Resultan frecuentes los debates acerca de su narrativa, de las diferentes interpretaciones acerca de su argumento y de sus diferentes finales. La atención se centra en cómo logra transmitir la crudeza de la guerra y, especialmente, en el trasfondo psicológico que esconden los arcos evolutivos de los personajes. No obstante, antes de profundizar en dicho aspecto, es necesario introducir el título militar puesto que, a diferencia de la gran mayoría de los videojuegos protagonizados por los antihéroes y las antiheroínas del presente libro, la obra desarrollada por Yager Development fue un fracaso de ventas[20] y pasó desapercibida para muchos jugadores.

....

20   La editora/distribuidora 2K Games lo consideró un fracaso de ventas pese a que la obra gozó de una importante inversión realizada en esta nueva IP de categoría triple A. Aunque son muchas las voces que han pedido una secuela, actualmente no hay indicios de continuar la historia bélica que protagonizó el capitán Walker en Dubái.

¿Otro *shooter* bélico más?

¿Otro más? Seguramente muchos consumidores creyeron que *Spec Ops: The Line* era otro *shooter* más, un género que por entonces poseía una rica y variada oferta caracterizada por obras de elevado nivel técnico, provistas de diferentes propuestas y enfoques narrativos y, sobre todo, piezas audiovisuales que hacían alarde de una gran jugabilidad tanto en el modo campaña como en los modos multijugador. Este conjunto de elementos convirtió al género *shooter* en primera y tercera persona en la gran estrella de la séptima generación de videoconsolas (Xbox 360, PlayStation 3 y Wii). Por ello, en dicho contexto resultaba más que arriesgado publicar otro videojuego de disparos en un campo de batalla donde reinaban obras consolidadas con millones de jugadores fieles como las primeras tres entregas de *Call of Duty Modern Warfare*, la trilogía de Gears of War, *Halo 3* y *Halo Reach*, la saga Borderlands, la trilogía Bioshock, *Max Payne 3*, *Left 4 Dead*, *Ghost Recon*, *Battlefield Bad Company*, *Medal of Honor*, *Soldier of Fortune* o *Crysis*. En este listado se pueden incluir otros videojuegos que, aunque no eran *shooters*, implementan mecánicas de disparos como los RPG *Fallout 3*, *Fallout New Vegas* y la trilogía Mass Effect, juegos de acción y mundo abierto como *Red Dead Redemption* y *Grand Theft Auto IV* u otros de aventuras como *Uncharted 3* o *The Last of Us*, etc.

Por tanto, aunque *Spec Ops: The Line* cosechó *reviews* notables: *3DJuegos* (8), *Eurogamer* (8), *Vandal* (8,2), *Hobby Consolas* (8,4) o *Zonared* (8,5), a nadie le sorprendió el gran batacazo de ventas del videojuego, no solo por la ya comentada saturación del mercado en cuanto al género sino porque no poseía un multijugador sólido ni un *lore* profundo que pudiera atraer y mantener a una gran comunidad de jugadores y jugadoras. En este mismo sentido, otras pequeñas joyas ocultas del género como *The Darkness*, *Bulletstorm*, *Vanquish*, *Binary Domain*, *Kane & Lynch* o *Shadow of the Dammed*, sufrieron una suerte similar, pese a que también tuvieron una crítica mayormente positiva de los medios especializados y pese a las buenas valoraciones de los usuarios que sí se atrevieron a sumergirse en su jugabilidad.

¿Pero qué hace de *Spec Ops the Line* una obra de culto? Si algo convierte en especial a este videojuego bélico es su capacidad para evocar la reflexión, su habilidad narrativa para cuestionar planteamientos previos y para jugar con los sentimientos de los jugadores. Pero lo hace con retrospectiva, cuando el jugador empieza a tomar decisiones y a sentir cierta libertad a los mandos del Capitán Walker. ¿Es una libertad real o efímera? ¿Qué es la libertad en una obra interactiva con un relato preexistente? Thomas Hobbes en su obra *Leviatán: la materia, forma y poder de un estado eclesiástico y civil* (siglo XVII), define la libertad como la ausencia de impedimentos externos que pueden quitarle al ser humano su poder para realizar lo que desearía, pero que, a su vez, no le impide usar el poder según dictamine el juicio y la razón. Más allá del pensamiento hobbesiano, el problema surge cuando un ser, guiado por su propia razón, pierde el juicio ante la realidad, que se vuelve inconcebible ante la atrocidad humana y, paradójicamente, carente de humanismo. Es aquí donde su supuesta libertad se vuelve inerte, pues todo cuanto le rodea, carece de sentido. Eso es, en esencia, lo que le sucede en Dubái al protagonista de *Spec Ops: The Line*, el Capitán Walker, mientras lleva a su pelotón Delta Force a un infierno inimaginable que solo el ser humano es capaz de crear. Sin embargo, lo peor no es eso, sino que logra hacer partícipe de ello al jugador y que lo recuerde incluso días o semanas después de acabar el título y ver los créditos finales.

La obra engaña y juega al despiste. Como afirma el creador de contenido, Joseju, desde el menú de inicio se muestran sutiles mensajes que indican que no se trata del típico *shooter* bélico. La imagen panorámica de Dubái totalmente destrozada, la bandera de EE. UU. deteriorada y al revés y su himno sonando altamente distorsionado. Este último es un tributo a la versión interpretada por Jimmy Hendrix en concierto en la década de los setenta, como protesta por la participación de EE. UU. en la guerra de Vietnam.

Su narrativa está inspirada en clásicos del cine bélico como *Apocalypse Now* (Coppola, 1979) o *Platoon* (Stone, 1987) y la novela *El corazón de las tinieblas* (1899) de Joseph Conrad. La historia se presenta enmascarada con una jugabilidad firme, que imita al sistema de combate y coberturas de la saga *Gears of War* y con reminiscencias a los grandes éxitos del género *shooter* y el subgénero bélico. El título ofrece una dificultad ajustada en pro de no impedir el avance pero que nunca llega a ser un camino de rosas. Su dramática e intensa banda sonora, junto a los gritos y las conversaciones por radio del Coronel Konrad y el Capitán Walker, logran crear la atmósfera idónea para la inmersión en esta tormenta perfecta del desierto, donde el *shooter* bélico se presenta diferente a cómo es realmente.

En los primeros compases de la historia el personaje aparece a los mandos de una torreta de un helicóptero de guerra, pudiendo disparar de forma frenética e indiscriminada a numerosos objetivos, sin cuestionarse quiénes son o por qué está arrasando con todo cuanto alcanza la vista. Sin plantearse si hay civiles, simplemente obedece órdenes y, el jugador, sigue la lógica mecánico-narrativa. Y he aquí que este prólogo engaña a los sentidos, como ya lo hiciera el genio maligno en que escuda su pensamiento René Descartes y que, según el filósofo francés, impedía (metafóricamente hablando) ver lo que realmente había más allá de lo percibido por estos. Tras ese desenfreno de balas y destrucción sin sentido que acerca a la esencia de cualquier juego de disparos, Walker sufre un accidente en helicóptero. Ahora sí comienza realmente el videojuego. Cabe señalar que hay teorías que defienden que muere en el accidente y que todo cuanto sucede a continuación es un sueño del Capitán Walker, o un paseo por su particular limbo o quizás su propia visión del infierno. Sin embargo, en una interpretación más prosaica, el jugador creerá que sigue vivo junto a un pequeño escuadrón formado por los soldados Adams y Lugo. Estos soldados acompañarán a Walker durante su incursión en este devastado Dubái con el objetivo, *a priori*, de rescatar al escuadrón de Konrad.

En la reseña de Pablo Grandío en *Vandal* sobre el videojuego, afirma que *Spec Ops: The Line* fue capaz de transmitir la crudeza, corrupción y crueldad de la guerra como «pocas veces se ha tocado en el mundo de los videojuegos, y no en extremos, en blanco y negro, sino como una escala de grises. No hay buenos ni malos, solo ambiciones e instinto de supervivencia[21]». Esta escala de grises y escasez de maniqueísmo y polaridad de la obra son algunos de los principales rasgos antiheroicos que Walker, el protagonista, irá desarrollando a medida que se adentra en el infierno de Dubái. La historia también se desarrolla mediante un entramado repleto de traiciones, violencia y egoísmo que se esconde en su némesis, Konrad. La estrategia militar desplegada, la cual le abdujo como parte del sistema y que le hizo cuestionarse sus principios y decisiones conforme la trama avanza y el personaje evoluciona o se transforma.

Ponerse en la piel de Walker es romper con los estereotipos de soldados y militares que son representados en muchos videojuegos como crueles máquinas capaces de aniquilar las filas enemigas sin escrúpulos ni cuestionamientos. Walker es la respuesta antiheroica a todos esos *shooters* militares que anteponen la acción y el multijugador a la inmersión, el ahondar en lo más íntimo de los personajes, el abrir interrogantes que enriquezcan el escepticismo y la crítica social. *Spec Ops: The Line* nos lleva a pensar hasta dónde somos capaces de llegar y cuánto más estamos dispuestos a soportar; la obra de Yager Development nos hace plantearnos dónde está la línea que separa el deber y el patriotismo de lo correcto. En un plano diametralmente opuesto, la siguiente protagonista también nos plantea cruzar algunas líneas, romper varios estereotipos clásicos y caminar por nuevas sendas que parecían insondables de la mano de la bruja conocida como Bayonetta.

....

21   Grandío, P. (2012). Análisis de *Spec Ops: The Line*. *Vandal*. https://vandal.elespanol.com/analisis/x360/spec-ops-the-line/11819#p-37

CAPÍTULO VI

BAYONETTA: EL EMPODERAMIENTO DE LA SEXUALIDAD

Olvidé mencionar que una de las razones por las
que voy cazando a los de tu especie
es que sois demasiado feos y quiero evitaros ese tormento.
Bayonetta (*Bayonetta*, Platinum Games, 2009)

El escritor John G. Cawelti en su obra: *Mystery, Violence, and Popular Culture* (2004) plantea la hipótesis que los géneros del cine deben reinventarse y pasar un periodo de transición. La esencia de su hipótesis radica en que cuando un género de cine empieza a generar hastío y dar muestras de agotamiento, aparecen otras variantes de este género, como el *burlesque*. Para el creador de contenido Go! El Monitor Geek, el *burlesque* «es una parodia de las convenciones establecidas de un género. Un claro ejemplo en el cine de superhéroes es *Deadpool*[22]». Aunque la teoría de Cawelti se centra en el cine, es posible aplicarla de igual forma a los videojuegos.

En 2009 existe una gran sobresaturación de juegos de acción, con la reiteración de tropos literarios y con personajes masculinos capaces de rivalizar con los mismos dioses. La disruptiva desarrolladora Platinum Games plantea una obra que rompe con la hegemonía de este tipo de género arquetipo. Se trata de una propuesta más desenfadada que otros estandartes del género, con una jugabilidad que se centra en el deleite y la diversión de los jugadores, sin tomarse muy en serio ni la trama ni a sí mismo. Así nace Bayonetta, la bruja de Umbra, y así introduce elementos del *burlesque* respecto a los héroes tradicionales.

....

22   Go! El Monitor Geek (22 de diciembre de 2022). Existen 5 Tipos de Historias de Superhéroes. [Vídeo]. YouTube. https://www.youtube.com/watch?v=_3OscntaSW4

Bayonetta es una de las grandes antiheroínas del videojuego, seguramente la más poderosa de las féminas y una de las figuras más empoderadas de su cuerpo y su sexualidad. Y esto es precisamente lo que la distancia de otros personajes femeninos que han sido sexualizados y cosificados hasta la saciedad. Aunque la bruja es representada como una mujer sensual y atlética, Bayonetta luce sus encantos porque quiere y no necesita usar su cuerpo o su capacidad de atracción del género masculino para conseguir lo que desea. Ella es lo suficientemente audaz, poderosa, resiliente, inteligente, hábil y letal como para vencer a cualquier enemigo que se atreva a hacerle frente, incluso aquellos que son capaces de trascender las leyes del tiempo o de la física, o aquellos que convergen entre lo angelical y lo demoníaco.

Cuando *Bayonetta* (Platinum Games, 2009) aterriza en el mercado en PlayStation 3 y Xbox 360, rompe los moldes de los videojuegos del género *hack and slash* por tres motivos: jugabilidad, calidad audiovisual y, sobre todo, por su personaje. En cuanto a la jugabilidad, el título de Hideki Kamiya presenta unas mecánicas jugables que elevaron el nivel de los anteriores exponentes de este género, siendo más ágil, más rítmico, presentando unos combos adictivos y una creatividad nunca vista gracias a los ataques tortura, las transformaciones del personaje o el tiempo bruja. En lo referente al despliegue audiovisual, la obra de Platinum Games, sobre todo en Xbox 360,[23] se situó en la cima técnica de los géneros de acción, combinando un nivel artístico soberbio con una gran fluidez en la acción y los movimientos del personaje y sus enemigos.

....

23   La mayoría de los medios internacionales especializados como *GamesRadar*, *IGN* o *Famitsu*, destacaron algunas limitaciones en la versión de PS3, puesto que se trató de un *port*, lo que también le ha conllevado obtener menores notas, obteniendo un 89%. Por su parte, en Xbox 360, para la que se diseñó el videojuego, obtuvo un 93% (Metacritic, 2022). Estas limitaciones en PS3 se tradujeron, principalmente, a excesivos tiempos de carga entre niveles, algunas texturas carentes de iluminación y algunas caídas de tasas de frames. Sin embargo, la versión de PS3 fue la más vendida con bastante margen respecto a la videoconsola de Microsoft.

Por último y quizás el más importante: la construcción del personaje. Sin embargo, el diseño del personaje no fue sencillo. La construcción de
la personalidad de Bayonetta se extendió durante un largo y tedioso año. Y
no es de extrañar. La trama de Bayonetta, aunque fue tildada de poco original en comparación a otros títulos coetáneos en el análisis de *IGN* (2009),
se presenta disonante respecto al tema arquetípico y tipificado de la lucha
entre el cielo y el infierno y el amor prohibido que tantas veces se ha repro-
ducido en literatura y cine, y últimamente en videojuegos. Esa diferencia
radica, precisamente, en Bayonetta. La protagonista no es una enviada del
cielo ni la heroína que salvará al mundo del ejército de las tinieblas, es una
bruja, un ser de la oscuridad que se ha despertado después de años de letargo. La bruja no recuerda su pasado, pero sabe que tiene que masacrar a
ángeles y demonios por igual. Desde la primera fase, en la que aparece ves-
tida de monja en un cementerio y, acto seguido, empieza a eliminar primero
a esbirros que surgen del suelo para, posteriormente, destruir a los ángeles
que acuden al lugar, el jugador entiende que tiene algo nuevo y diferente en
sus manos. Su puesta en escena bailando con un *chupa-chups* en la boca y
portando cuatro pistolas, es la de un personaje que tiene mucho que decir
en este nuevo universo planteado. Se han escrito innumerables artículos
sobre Bayonetta en los que se describe su clara influencia de Dante (saga
Devil May Cry) y también de la inspiración en la *Divina Comedia* escrita por
Dante Alighieri en el diseño los submundos de su *lore*. No obstante, no se
ha profundizado tanto en los rasgos antiheroicos que la definen y en cómo
estos han evolucionado en las, hasta ahora, tres entregas.

El primer nivel de antiheroísmo de Bayonetta es su neutralidad.
Aunque su teórica imparcialidad y el no estar defendiendo los intereses
de ninguno de los dos bandos es, en cierta manera, errónea. Ella en sí
misma es un bando, el de la bruja que ha despertado de su letargo y está
masacrando a todos por igual. En sí es neutral, pues no tiene preferen-
cias, pero quizás los pocos supervivientes de ambos lados que han sufrido su neutralidad no opinen igual. Otro rasgo antiheroico es el misterio

sobre su pasado. Su temporal amnesia, su mezcla de recuerdos en forma de puzle y cómo va uniendo las piezas mientras destroza a quienes se entrometen en su viaje, es otra de las características más comunes a este tipo de personajes. Como Dante, también es excesivamente soberbia y narcisista, y como Dante, Geralt de Rivia, Kratos, Max Payne, Duke Nukem y tantos otros y otras que conforman esta obra, es un personaje brutal y expeditivo, que no tendrá reparos en partir a sus enemigos por la mitad mientras se burla de ellos.

SEXY PERO EMPODERADA. Bayonetta no tiene límites, ni el cielo ni el infierno pueden detenerla. Copyright: PlatinumGames, 2022.

Pero hay algo que la hace diferente y no solo porque no comparte nada con tantos y tantos personajes femeninos del videojuego que han sido etiquetados bajo los parámetros conceptuales y cánones del arquetipo de *damisela* o *princesa en apuros*. La bruja de Umbra es diferente porque representa el empoderamiento de la sexualidad, no un elemento vulgarizado al servicio de otros. Este argumento lo explica de forma muy preclara el creador de contenido Puerta al Sótano en su canal de YouTube:

Bayonetta es dueña de su propia sexualidad en todo momento. Cada referencia sexual en sus diálogos, en sus gestos, e incluso en sus ataques contra sus enemigos, nos convierte en parte activa de esa sexualidad. Y, al contrario que con otros muchos personajes, no en espectadores de la misma. Bayonetta no pretende deleitar al jugador con sus curvas, sus sensuales movimientos y su irreverencia, más bien todo lo contrario, es ella quien domina la situación, su propia figura y sensualidad[24].

De la misma manera, no únicamente hace partícipe al jugador sino también provoca un interesante cambio sobre el concepto de desnudez en los personajes femeninos y en la obsesión de algunos desarrolladores por exagerar los cuerpos de estos personajes. En primer lugar, Bayonetta usa su cuerpo como un arma y cuando se desnuda, es cuando alcanza su mayor poder. Sin embargo, no se muestran nunca partes íntimas de su cuerpo. En segundo lugar, el personaje no ha sufrido un incremento de varias tallas de pecho para exagerar sus rasgos femeninos como sí lo hacen en la saga Dead or Alive, en algunas entregas de Final Fantasy, en la saga Ninja Gaiden, en el personaje de Quiet de *Metal Gear Solid V: The Phantom Pain* (Kojima Productions, Konami Digital Entertainment, 2015) y en las primeras versiones de Lara Croft. La bruja de Umbra no es un objeto sexual, ni una princesa a la que rescatar, ni tampoco es una *femme fatale* que usa su cuerpo para encandilar a los hombres, ella es lo que quiere, como quiere y cuando quiere, dándole un giro de tuerca a los personajes femeninos y contribuyendo a que su inclusión en la historia tenga un sentido narrativo y no meramente estético.

En este sentido, otro personaje que viene dispuesto a romper moldes, estereotipos y demostrar sus capacidades es Geralt de Rivia, el brujo mutante de los Reinos del Norte.

....

24   Puerta al Sótano (26 de octubre de 2022). Bayonetta ¿sexualización o crítica? La importancia de Bayonetta y el empoderamiento femenino. [Vídeo]. YouTube. https://www.youtube.com/watch?v=XHQymQePsRk

CAPÍTULO VII

GERALT DE RIVIA: UNA ESPADA PARA CAZAR MONSTRUOS Y OTRA PARA HUMANOS

¿Qué se puede esperar de un personaje que se define a sí mismo como un cazador de monstruos y porta consigo dos espadas, una de ellas para matar humanos? Luz y oscuridad, muerte y salvación, sangre y pasión, victoria y derrota... Estas son algunas de las dualidades presentes en la trágica y épica historia de Geralt de Rivia, también conocido como brujo, mutante, lobo blanco o carnicero de Blaviken. Geralt de Rivia es uno de los personajes más ambivalentes y complejos de la historia de los videojuegos, aunque es originario de las novelas escritas por Andrzej Sapkowski y que conforman la conocida saga del Brujo. Para adentrarse en las profundidades narrativas y la construcción del arco del personaje que hacen de Geralt, uno de los mayores exponentes de los antihéroes del videojuego, es necesario viajar a Los Reinos del Norte y empezar a excavar en el tormentoso pasado del carismático lobo blanco.

Geralt es un mercenario, un cazador de monstruos errante en un universo plagado de ellos: moiras, sumergidos, troles de piedra, vampiros, licántropos, sapos venenosos gigantes, arpías... Todas estas aberraciones tienen cabida en un mundo asediado por la eterna contienda entre el Imperio de Nilfgaard y los Reinos del Norte, donde Geralt pasa gran parte de su tiempo cazando pero también disfrutando de los placeres. ¿Qué placeres? Aunque en este mundo ficticio hay caballeros, códigos de honor y un entramado diplomático complejo, el protagonista está más interesado en los placeres carnales, el hidromiel y en participar en todo tipo de competiciones y juegos de cartas, como el *gwent*. La narrativa de la saga The Witcher se aleja de esos imaginarios sociales que están revestidos por las novelas de caballería y las historias de héroes que se enfrentan a la tiranía de los nobles. Incluso la representación de la raza de los elfos rompe diametralmente con los elfos que trascienden del universo Tolkien; atrás quedaron esas criaturas bellas, espirituales, longevas y sabias, para ofrecer una raza furtiva, poco confiable y más terrenal. En el universo de Geralt predomina la lujuria, el juego, los vicios, el engaño y la violencia gratuita. Este contexto no necesita un héroe virtuoso y tradicional, sino un antihéroe y Geralt es perfecto para desempeñar este papel.

¿Cómo es la representación del brujo en los videojuegos?

Geralt, como tantos otros personajes antiheroicos, desconoce gran parte de su pasado. Se le considera huérfano y, aunque en algunas partes de su historia no conoce la situación ni la naturaleza de sus padres, lo que ha descubierto le lleva a creer que su madre era una bruja y su padre murió al poco de engendrarlo. Siendo aún un niño, su madre lo entregó al brujo Vesemir, quien acabaría siendo su mentor y maestro. Pero antes, Geralt fue sometido a diferentes experimentos y mutaciones, un proceso que deben sufrir todos aquellos que quieran convertirse en brujo o que sean empujados a ello, como fue su caso. Ese experimento, basado en alquimia e ingesta de mutágenos, es tan peligroso que la mayoría de los niños fallecen, siendo solo unos pocos afortunados los que logran sobrevivir. Una vez han sobrevivido a este proceso, llamado *el cambio*, están preparados para empezar a desarrollar sus sentidos de brujo y vivir otro tipo de existencia, muy diferente a la de los humanos corrientes, pero en el proceso sacrifican su fertilidad. Particularmente, a Geralt también le produce una pigmentación blanca en el cabello, por lo que su larga melena siempre lucirá blanca.

Su tormentoso pasado, unido al abandono y a la carencia de figuras afectivas, son síntomas inequívocos de la conducta y personalidad del lobo blanco en su etapa adulta. Gerald es poco expresivo, muy apático y, aparentemente, parece no sentir empatía por los demás. Sin embargo, conforme la trama profundiza en el personaje, se observa que es más empático, justo y sacrificado que la gran mayoría de los personajes secundarios de la historia, aunque no lo exprese ni muestre afecto por quienes le rodean. De la misma manera, la ausencia de amistades en su infancia ha socavado su capacidad para entablar vínculos afectivos y amistosos con otras personas. Acostumbrado a las relaciones de camaradería y autoridad, Geralt tarda mucho tiempo en abrirse a la relación de amistad que le ofrece Jaskier, cuya personalidad es diametralmente opuesta a la del brujo. También posee varios bloqueos emocionales que no le permiten ir un paso más allá de lo carnal con las mujeres, aunque en una etapa más adulta, rompe esas barreras con la bella hechicera de sangre élfica Yennefer de Vengerberg, de quien se enamora.

Al poco tiempo de abandonar la Escuela del Lobo en Kaer Morhen para realizar su oficio, el cazador de monstruos empieza a ser considerado un peligro para la sociedad. En la serie homónima de Netflix, interpretada por Henry Cavill hasta la tercera temporada, achacan este hecho, principalmente, a los acontecimientos producidos en Blaviken y por los que recibe el peyorativo apodo de *carnicero de Blaviken* al acabar brutalmente con la banda de Renfri. Sin embargo, como la trama de los videojuegos se sitúa en una línea de tiempo posterior, en casi todos los pueblos o ciudades detestan a Geralt, simplemente por pertenecer a los brujos mutantes. A estos efectos, cabe resaltar que lo rechazan por quién es y por el grupo al que pertenece y no por sus actos. Este hecho de repudiación y rechazo social es familiar en muchos antihéroes como Marcus Fenix, Kratos, Senua o Travis Touchdown. Nadie los considera héroes o heroínas ni, por asomo, ven en ellos la gran esperanza que podrá erradicar el mal y salvar a los inocentes.

Los vicios, su adicción a los juegos de cartas y azar, su peregrinación por los burdeles y el entusiasmo por algunas sustancias adictivas, aunque no son rasgos tan importantes como los que afectan a su personalidad, también son matices muy característicos de alumnos antihéroes. La primera vez que el jugador se hace a los mandos de Geralt, sobre todo en *The Witcher 3: Wild Hunt* (CD Projekt, 2015), se sorprenderá por su mundo abierto y toda la vida ociosa y nocturna que ahí se esconde. Se abrirá un abanico de actividades donde Geralt podrá derrochar su dinero y dar rienda suelta a toda su imaginación y pulsiones mientras va avanzando en las diferentes tramas y subtramas.

El carnicero de Blaviken no atiende a las leyes y la justicia de los humanos, sino a su código de la Escuela del Lobo, que ha ido evolucionando y adaptando según su experiencia y su criterio. Este código autoimpuesto y por el que siempre se cuestiona y mide sus propios actos, le impide mentir y matar a criaturas con raciocinio, salvo que sean viles, como una moira o un vampiro. Geralt es conocedor de que toda la luz proyecta sombra y de que todos y cuantos le rodean tienen un lado oscuro que intenta esconder, pues para el brujo, hay tantos monstruos escondidos en las cuevas y en las profundidades del bosque como en las ciudades de los Reinos del Norte. No en vano, el lobo blanco porta una espada para las quimeras, abominaciones, *ghouls* y todas esas horripilantes criaturas, y otra para los humanos, toda una carta de presentación para sus enemigos y para quien quiera que se atreva a retarle.

Pese a todos estos rasgos antiheroicos y su neutralidad pasmosa frente a los conflictos bélicos y políticos que interfieren en las diferentes ciudades y pueblos donde se desarrolla su aventura, el intervencionismo de Geralt acaba siendo trascendental. En sus manos y decisiones estarán las vidas de la mayoría de los moradores de Cintra, Kaedwen, Redania, Temeria, Verden o las islas Skellige. Y, aunque nunca es tratado como un héroe ni le reconocen la mayoría de sus gestas y hazañas, los habitantes de los Reinos del Norte pueden respirar tranquilos porque Geralt de Rivia se encargará de los monstruos. Aunque quizás no puedan pegar ojo, porque también dará caza a aquellos que son humanos pero esconden un monstruo en su interior.

NO HAY PAZ PARA GERALT. Un mundo despiadado, injusto y lleno de traiciones y conspiraciones como el que plantea la saga The Witcher, solo puede tener a Geralt como protagonista. Copyright: CD Projekt RED, 2015.

¿Qué poderes y habilidades posee Geralt?

En 2022, el actor Henry Cavill que interpreta a Geralt en la serie *The Witcher* de Netflix y a Superman (*El hombre de acero*) en el Universo Extendido de DC Comics, afirmó que el brujo sería un contrincante muy duro, incluso, para Superman. Aunque parezca una afirmación un tanto exagerada, los poderes del brujo mutante son tantos y tan variados que es arduo enumerarlos todos. Posee una gran resistencia al veneno y una fuerza sobrehumana. Su vista, olfato y oído fueron mejorados por las mutaciones, lo que unido a su sentido brujo, le permite seguir cualquier rastro o descubrir todo tipo de huellas y pistas. Es un espadachín maestro, posee una gran destreza y precisión con la ballesta y el arco y una experiencia dilatada en combate, ya que los años apenas hacen mella en él y hace mucho que empezó su aventura. Es astuto, hábil, inteligente, valiente y, por lo general, puede templar sus nervios y no se deja llevar por tentaciones ni burdos engaños. Es ducho en el uso de hierbas medicinales, mutágenos y todo tipo de curaciones. Tiene cierto poder regenerativo y su tolerancia al dolor es muy alta. Se maneja bien en el combate con diferentes armas o peleando a manos descubiertas. Posee un gran conocimiento sobre el bestiario y las especies de monstruos, lo que le permite conocer sus debilidades y usar aceites o ungüentos que las debilitan. Por si todo esto no fuera suficiente, tiene habilidades mágicas, llamadas señales, que le permiten incendiar a un enemigo, realizar una trampa de espíritu, empujar por telequinesis o meterse en la mente de otras personas y persuadirlas a su antojo. Además de todo lo comentado, va equipado con una armadura, un colgante que tiembla cuando se acercan cierto tipo de enemigos, dos espadas, una ballesta, mutágenos y todo tipo de pócimas.

En definitiva, en un universo narrativo donde no hay personajes tan poderosos como Superman, Hulk o Thor, Geralt es de los más peligrosos contrincantes que existen. Es un arma perfecta para acabar con casi cualquier enemigo y, sin duda, es uno de los personajes más poderosos de toda la narrativa. Ha vencido a grifos, cíclopes, moiras, vampiros ancianos e incluso al Rey de la Cacería Salvaje. Por todo ello, es mejor que el jugador tenga al brujo de su lado o, como mínimo, no estar en contra de él, o como sucede con los enormes monstruos que ha aniquilado, su cabeza acabaría adornando, a modo de trofeo, la silla de montar de su fiel corcel, Sardinilla.

Respecto a su personalidad, según el psicólogo y creador de contenido Psicólogo Ness[25], en su canal de YouTube *La Guía*, afirma que la personalidad de Geralt está condicionada por continuas crisis existenciales. Si bien Geralt, como cualquier ser humano, tiene crisis existenciales, más bien se trata de un hastío provocado por el escepticismo hacia los

....

25 Psicólogo Ness (30 de diciembre de 2021). Psicólogo analiza a Geralt of Rivia, The Witcher. *La Guía*. [Vídeo]. YouTube. https://www.youtube.com/watch?v=-BbpGXU1xOk

gobiernos, reinos e instituciones y, en general, hacia la naturaleza huma-na. A lo que cabría añadir un profundo cuestionamiento de sus actos y del código brujo que debe seguir frente todo aquello que supone una injusti-cia o que puede poner en peligro a débiles e inocentes. Geralt tendrá que romper sus principios, usar sus señales (símbolos mágicos) para entrar en la mente de los demás y romper su código, con el objetivo de ayudar y defender a los desfavorecidos.

Ness también afirma en dicho canal que Geralt sufre el síndrome de Pontius. Se dice que poseen este síndrome aquellas personas que ca-recen de miedo y del sentido del peligro y, por ello, necesitan constan-temente vivir situaciones límites y arriesgadas vinculadas con la sobre-producción de adrenalina. Sin embargo, el brujo mutante no posee este síndrome, pues su personalidad es calmada y templada, rehúsa el conflic-to siempre que puede y no interviene si no es necesario. Geralt es un tipo espiritual, que gusta de seguir sus instintos brujos y sus conocimientos en rastreo y seguimiento para acechar a su presa. Pocas veces saltará al vacío o se lanzará a la desesperada, salvo que la situación lo requiera. No obstante, una vez que Geralt entra en acción, su brutalidad y capacidad para destruir a cualquier enemigo lo llevará a situaciones límites y, como no podía ser de otra forma, la narrativa cada vez le plantea mayores desa-fíos y adversarios más poderosos y astutos.

A diferencia de la mayoría de los antihéroes venidos del cine o del cómic, los videojuegos han tratado muy bien a Geralt, algo que comparte con grandes antiheroínas y antihéroes como Kratos, Dante, Marcus Fenix o Bayonetta. No era fácil llevar al mundo de bits y píxeles la personali-dad de un personaje tan enigmático, complejo, despolarizado y reflexivo como es el lobo blanco. La desarrolladora polaca CD Projekt hizo un buen trabajo con la primera entrega, se superó creando un título excelente en la segunda y, finalmente, creó una auténtica obra maestra con la tercera parte. *The Witcher 3: Wild Hunt* (CD Projekt, 2015) supuso un antes y un después en la industria del videojuego por su narrativa, por su inmersión, por la riqueza de su *lore*, por su nivel técnico y por la inolvidable banda sonora. Pero también por todo lo que atesoraba su principal protagonista, Geralt, sin olvidarnos de Ciri, la otra gran estrella del título. Esta tercera entrega se llevó prácticamente todos los grandes premios de 2015, incluidos el de Mejor Juego del Año, Mejor Desarrolladora y Mejor Juego de Rol en los Game Awards, el premio a La Excelencia en los Famitsu y los premios a Mejor Juego de Xbox One, Mejor Juego de PS4, Mejor Juego de PC y Mejor Juego del Año en los Game Spot Awards. Ni *Metal Gear Solid V: The Phantom Pain* (Kojima Productions y Konami Digital Entertainment, 2015) ni *Fallout 4* (Bethesda Game Studios, 2015) ni *Call of Duty: Black Ops III* (Treyarch y Raven Software, 2015), ni siquiera uno de los considerados mejores videojuegos de PS4 y del género *soulslike*, *Bloodborne* (From Software, 2015), pudieron hacer sombra al viaje antiheroico del brujo de la Escuela del Lobo. El éxito de *The Witcher 3: Wild Hunt* se alargó gracias a dos de los considerados más completos DLC de los últimos años: *Blood and Wine* y *Hearts of Stone*. Estas expansiones también fueron lanzadas en una edición juego del año que incorporaba los mazos del juego de cartas Gwent al que se podía jugar *ingame* y ahora en la realidad, una de las características de la narrativa transmedia que se conoce como *extrabilidad*. En la actualidad, cuando aún no se han cumplido diez años desde el lanzamiento de la tercera entrega, CD Projekt ha publicado una versión remasterizada para la novena generación de videoconsolas (PS5 y Xbox Series X/S) y para PC. Esta versión incluye contenido inspirado en la serie de Netflix, modelados en 4K, iluminación con trazado de rayos, modo 60fps, modo foto y una jugabilidad mejorada. Todo ello, pensado para llegar a todos aquellos que quieran revivir su magnífica aventura y para quienes no pudieron hacerlo en 2015, expandiendo así la vida de uno de los viajes antiheroicos más intensos y mejor narrados de la historia.

Sin duda, el título de CD Projekt no solo ha sabido plasmar la esencia de las novelas escritas por Andrzej Sapkowski, sino también lo ha hecho sin las complicaciones de los saltos temporales de las novelas. En el videojuego este aspecto está sumamente cuidado, en todo momento los jugadores pueden seguir la historia, sin perderse y sin ni siquiera haber jugado a las entregas anteriores o sin haber leído la saga del brujo. Un aspecto que, por el contrario, sí fue ampliamente criticado por los fans respecto a la primera temporada de la serie *The Witcher* (Netflix, 2019-actualidad) y que los *showrunners* supieron reconducir en la segunda. Lo que sí es coherente en todo el universo narrativo transmedia (novelas, videojuegos, series y juegos de mesa), es la personalidad de uno de los considerados más representativos antihéroes de la historia del videojuego, como también lo es el protagonista del siguiente capítulo: Max Payne.

CAPÍTULO VIII

LA VENGANZA EN EL DETECTIVE OSCURO: MAX PAYNE

El pasado es como un rompecabezas, como un espejo roto.
A medida que lo vas recomponiendo te cortas
y tu imagen no deja de cambiar y tú cambias también.
Max Payne en *Max Payne* (Remedy, 2001)

Aunque quizás los desarrolladores del videojuego no fuesen conscientes, parte del trasfondo del personaje de Max Payne, los trágicos acontecimientos de su vida y el subtexto en el que se desarrollan estos, reciben influencia indirecta de la obra de Edgard Allan Poe. El poeta y escritor norteamericano introdujo, a mediados del siglo XIX, parte de los elementos que dieron origen a la novela detectivesca y policíaca, y que siguen estando vigentes en obras de escritores actuales como Jö Nesbo o Stieg Larsson, entre otros. En el videojuego *Max Payne* (Remedy, 2001) se encuentran resquicios literarios y artísticos de la novela detectivesca de Poe, tales como la atmósfera gótica, la decadencia social, la crudeza y el horror. La trama está sometida a una cierta tendencia al pesimismo antropológico y al influjo del caos y la muerte al que, de una forma u otra, están determinados los personajes.

Nacido el 1 de enero de 1965 en Estados Unidos, Max Payne no tiene alias o apodos, pero es interesante saber que la elección del nombre por parte de Sam Lake, el guionista, proviene de *maximum pain*, que traducido al castellano significa «dolor extremo». Este detalle es un alarde de intenciones por parte de Lake, pues el personaje sufrirá el mayor dolor posible pero también lo infringirá a todos sus enemigos. Su trágica y oscura aventura siempre está caracterizada por el sufrimiento, la venganza y el caos. Esta combinación trágica le acompaña desde sus años trabajando como detective en el Departamento de Policía de Nueva York y también como agente infiltrado en la DEA hasta los acontecimientos que se narran en *Max Payne 3* (Rockstar Games, 2012), trabajando en el sector de la seguridad privada en Sao Paolo (Brasil).

Aunque nadie duda del antiheroísmo de Payne, sus características son muy diferentes a la mayoría de los personajes tratados en esta obra. Es un hombre real, ni tiene una naturaleza semidivina como Kratos ni es mitad demonio como Dante, ni tiene poderes brujos como Bayonetta o Geralt de Rivia. Tampoco posee fuerza sobrehumana como todos los anteriores o como el Agente 47. Es un hombre real, aunque su capacidad para aniquilar a todos sus enemigos está fuera de toda duda. Max se mueve por la venganza, por el odio, es un alma que deambula por la tierra clamando por el día en que pueda vengarse de todos los enemigos que le arrebataron a su familia. Pero en su arco de venganza, también existe una profunda caída al abismo, pues cuando no le quedan enemigos, su vida carece de sentido.

Camino hacia el abismo a modo *bullet time*

La primera entrega de Max Payne sorprendió por su temática oscura, su ambiente tétrico y gótico, y por presentar a un personaje tan destrozado, al que le habían arrebatado su familia, su esperanza y la poca luz que quedaba en su vida. De una forma orquestada, aúna parte de los rasgos y atributos que posee un antihéroe de la novela policíaca y detectivesca. La historia de Max es la historia de una venganza y de un hombre que camina hacia al abismo en medio de innumerables tiroteos.

Uno de los aspectos originales que introdujo el título de Remedy fue el modo *bullet time* («tiempo bala»). Una técnica que consiste en ralentizar el tiempo hasta el punto de poder esquivar balas y ver su trayectoria, dotando de una gran dilatación dramática a las escenas de acción. Ade-

más de algunos guiños narrativos y en la construcción de los personajes, como las largas gabardinas negras, el videojuego se inspiró intensamente en el ritmo y el *bullet time* del filme *The Matrix* (Wachowski y Wachowski, 1999). De esta manera, al igual que la película introduce esta técnica de dilatación dramática en el cine, la primera entrega Max Payne es una de las primeras obras en plasmarla en la industria de los videojuegos[26]. Posteriormente, títulos como *Fallout 3* (Bethesda Game Studios, 2008) con el sistema V.A.T.S, *Bayonetta* (Platinum Games, 2009) con la denominada *hora bruja* o el primer Red Dead Redemption con el *dead eye*, crearían diferentes versiones del *bullet time* y lo aplicarían a sus mecánicas jugables. En la actualidad es un recurso muy común en los juegos de los géneros *shooter* y *hack and slash*.

Max Payne fue el inicio de una trilogía exitosa, con muchas aportaciones a la industria del videojuego. Más allá de un nivel técnico, artístico y audiovisual excelentes para principios de siglo, uno de los apartados que catapultó la fama de la primera entrega fue la forma de desplegar su narrativa:

> Max Payne no es cualquier juego. Es una obra de arte en muchos sentidos que revolucionó la industria e incorporó en ella un estilo narrativo que nunca antes había sido tan bien logrado como en este desarrollo de Remedy Entertainment[27].

....

26   Existen videojuegos anteriores a la primera entrega de Max Payne que habían incorporado previamente mecánicas basadas en parar el tiempo, como *Pang* (Mitchell Corporation/Capcom, 1989) o en ralentizar acciones, como *Requiem: Avenging Angel* (Cyclone Studios, 1999). Sin embargo, se considera a Max Payne la precursora del *bullet time* por cómo lo incorporó en el desarrollo y la narrativa del videojuego y su similitud con el filme de las hermanas Wachowski.
27   Molina, R. (8 de julio de 2022). *Max Payne*: el origen del *bullet time* en los videojuegos: una cátedra para hacer *shooters* en tercera persona y contar una buena historia. *LevelUP*. https://www.levelup.com/articulos/686776/Max-Payne-el-origen-del-bullet-time-en-los-videojuegos

El mundo del videojuego se estremeció por su relato crudo, desgarrador y la sed de venganza que se depositaban en las manos del jugador. Y toda esa tristeza, nostalgia y furia contenida se podría traducir en una acción desmedida, unos sanguinarios tiroteos y el advenimiento del caos mediante un estilo *noir* muy característico. Como sucede en las novelas de Poe e incluso en las de Conan Doyle, a cada paso de Max, a cada pista que descubre, está más lejos de encontrar la verdad, pues el enemigo es cada vez mayor y la red de mentiras y mafia más compleja. Esta profundidad en la narrativa y el éxito de la primera entrega propició el desarrollo de *Max Payne 2: The Fall of Max Payne* (Remedy Entertainment, 2003). Este título, aunque no aportó muchas novedades respecto a su antecesora, mantuvo el nivel técnico y dio la oportunidad de seguir profundizando más en los deseos de venganza y la búsqueda de la verdad del detective antiheroico. En algunos momentos, se da la oportunidad de manejar a Mona Sax, a quien se creía muerta en el primer videojuego. Ese detalle, un modo de juego tipo horda y algunas mejoras técnicas y visuales, junto al poder de atracción de Max, fueron sus principales bazas para volver a visitar las oscuras y sucias calles de esta ficticia Nueva York.

Existe una gran diferencia entre las dos primeras entregas de Max Payne y la tercera. Para empezar, la última entrega de Max Payne fue desarrollada por Rockstar Games en lugar de Remedy, imprimiendo al juego el sello tan característico de la premiada desarrolladora que tantos éxitos ha tenido en la saga Grand Theft Auto. En segundo lugar, los creadores del juego entendieron que la fórmula Max Payne se había quedado estancada en la segunda entrega y era necesario romper estructural, artística y audiovisualmente con ella. En tercer lugar, gracias a la evolución de los motores gráficos tras más de una década desde el inicio de la saga, *Max Payne 3* (2012) consigue elevar la acción, incluir un sistema de coberturas y mejorar la jugabilidad sustancialmente, creando un título altamente divertido y gratificante. Pero el punto de inflexión no se centra especialmente en el ritmo o la técnica, sino en la ambientación y en el arco del personaje. En primer lugar, la acción se traslada a Sao Paolo (Brasil) y la obra replantea su estilo *noir* hacia uno naturalista, con tonos cálidos y saturados, abandonado el ambiente gótico y oscuro. Por otro lado, el diseño de escenarios, lejos de ser oscuros callejones, fábricas abandonadas y edificios vacíos, se basa en escenarios abiertos a plena luz del día, como aeropuertos, estadios de fútbol o la selva.

En cuanto a Max, también se encuentran cambios muy drásticos, por momentos deja de ser el personaje creado por el anterior equipo y, especialmente, por el guionista Sam Lake, para resurgir como un arquetípico personaje *made in Rockstar*. El nuevo Max ha culminado su arco de venganza, no encuentra el rumbo, su pasado pesa demasiado y está hastiado de la corrupción y la mafia de Nueva York. Por ello, decide dejar de ganarse la vida como detective privado y empieza a trabajar como guardaespaldas de familias ricas de Brasil. Con su venganza concluida y en su nuevo oficio, Max abandona su característico estilo de vestimenta, adaptándose a la vida en Brasil y sus costumbres.

Símbolo de este reinicio, también cambia su *look*, afeitándose la cabeza y dejándose barba, muy al estilo Heisenberg, el *alter ego* de Walter White de la serie *Breaking Bad*. Al mirarse al espejo, se hace hincapié en el pesar de los años y en cómo el alcohol y el sufrimiento han hecho mella en él. Su rostro, más marcado, cansado y duro, se combina magistralmente con una personalidad cínica y desgastada. Max no nació siendo un antihéroe, sino que se forjó como tal por la tragedia acontecida en su pasado, pero ahora ya es tarde para ser el padre de familia que vivía el sueño americano. Su arco de venganza se sustituye por uno de caída al abismo, aunque también se observa cierta tendencia a la redención, con el intento heroico de salvar del secuestro a las hermanas Fabiana y Giovanna. Pero, una vez más, Max se enfunda el traje de antihéroe vengativo y pone su vida en riesgo con tal de acabar con el Comando Cobra, la unidad paramilitar Crachá Preto y Víctor Branco, líder del contrabando de órganos. En los compases finales del título, se puede observar a un Max sosegado, tranquilo, disfrutando de un paseo por la playa, mirando el atardecer con cierta esperanza, cerrando así su viaje antiheroico y evocando el reflexionar sobre el futuro de este trágico personaje.

Tras más de una década sin ver a Max protagonizar otro título, muchos seguidores de la saga siguen clamando por una cuarta entrega o un *spin-off*. Sin embargo, recientemente Remedy Entertainment anunció que, como ya hizo con el *survival horror Alan Wake* (Remedy Entertainment, 2010), está trabajando conjuntamente con Rockstar Games en el desarrollo del *remake* de las dos primeras entregas. Una gran noticia para los seguidores del personaje y para aquellas generaciones de *gamers* que no pudieron disfrutar de los inicios de la saga hace más de dos décadas.

CAPÍTULO IX

ELLIE Y JOEL, LO ÚLTIMO DE ELLOS ES PÉRDIDA Y DUELO

Existen pocos videojuegos que sean capaces de transmitir tantas emociones desde el prefacio de su historia. En sus primeros compases, cuando los jugadores apenas se han hecho con el manejo de Sarah, *The Last of Us* (Naughty Dog, 2013) se presenta como una obra diferente. Una epopeya particular e inolvidable, incluso inigualable por su habilidad para remover sentimientos y ofrecernos una visión terrorífica de todo cuanto podemos perder ante una situación de emergencia. Es indudable que la mezcla de sigilo, acción, aventuras y tiroteos recrea una jugabilidad aventajada para su época, sin olvidarnos de una curva de dificultad muy lograda y una dirección de arte excelente. No obstante, son elementos que se encuentran únicamente en la *punta del iceberg*, pues en la dimensión narrativa es donde la obra de Naughty Dog logra cautivar y enganchar al jugador. Este fenómeno se produce, especialmente, gracias a Ellie y Joel, dos personajes que se fueron forjando como antihéroes a base de pérdida, sufrimiento, ira y duelo. Demostrando una vez más, que los *antihéroes no nacen, se forjan*.

Joel Miller, el padre circunstancial que perdió la esperanza y se la quitó al mundo

En la introducción de esta obra, se ha preguntado qué haría un antihéroe ante la difícil decisión de sacrificar a una hija para salvar la humanidad o salvar a la pequeña pero sacrificando toda esperanza de la humanidad.

El antihéroe sería capaz de todo dependiendo de las circunstancias. En su afán no está hacer el mal por el mal y, pese a que algunas comunidades virtuales lo equiparan al villano, la luz que proyecta lo encamina al bien, aunque la oscuridad que evoca lo acerca al abismo. Ellie no es hija de Joel Miller, pero juntos han trazado una relación paterno filial muy intensa que, de alguna forma, emula el papel de Sarah, la verdadera hija de Joel que murió diez años atrás, a causa de un militar que vigilaba un perímetro de contención. Joel es un personaje herido que sería incapaz de dejar que sacrifiquen a Ellie y no dudaría en aniquilar a todos los Luciérnagas sin piedad ni contemplaciones, aunque desatara una ola de odio y venganza a su alrededor.

¿Joel es un héroe o un villano? Es posible responder que, de la misma forma que se le puede considerar un héroe por salvar la vida de la joven, también se le puede considerar un villano por aniquilar a los Luciérnagas y acabar con la posible cura de la humanidad a la epidemia. De nuevo, un personaje que no es blanco ni negro, sino que se mueve en escala de grises, ambivalente, despolarizado y potencialmente egoísta. ¿Es egoísta realmente? ¿Qué madre o padre estaría dispuesto a sacrificar la vida de sus hijos por salvar a otros?

El antihéroe se mueve por motivos propios y poco altruistas, pero en su periplo antiheroico es tan capaz como el héroe de sacrificarse por alguien a quien quiere. De alguna forma, conviven en él sentimientos cercanos al Romanticismo, aunque se confrontan en ocasiones con ciertas dosis de nihilismo posmoderno. Si hay que salvar a Ellie, llama a un antihéroe, pero si quieres salvar a la humanidad, mejor piénsatelo dos veces o llama a Superman o al Capitán América, ellos no tendrán que enfrentarse a ese dilema moral, la narrativa siempre les ayudará a encontrar una solución en la que todos estén a salvo.

Joel, por tanto, no solo es un padre antiheroico, también es un relato en sí mismo de pérdida y duelo, de constricción y escepticismo y pérdida de fe ante la humanidad, las instituciones, la ciencia o las creencias.

Joel o lo que queda de él, es un camino hacia la supervivencia de alguien que no espera nada de la vida, pero cuando no podía caer más bajo, aparece Ellie. La joven le recuerda a su hija fallecida pero más allá del mero recuerdo, representa un reencuentro con la vida y una nueva oportunidad por proteger a alguien que está aprendiendo a amar a regañadientes. Cuando Joel deja de luchar contra ese sentimiento, contra la ternura y el amor paternal que siente por Ellie, renace en él un terrible miedo a perderla, a no poder protegerla y con esos sentimientos resurge también la rabia y la brutalidad que durante una década ha estado creciendo en su interior. Con cada miembro de los Luciérnagas masacrado, está a un paso de vengarse de aquel estúpido militar que disparó mortalmente contra Sarah. Con cada miembro de Luciérnaga eliminado de la faz de la Tierra, está a un paso más cerca de proteger a la única persona que le importa en este mundo: Ellie. Sin duda, un sentimiento tan egoísta como altruista, porque prefiere morir y salvar a Ellie, que seguir viviendo y perderla, como perdió a Sarah.

Ellie, la (anti)heroína del nuevo mundo

No es exagerado decir que Ellie Williams es un punto de inflexión en la historia de los videojuegos. Únicamente ha necesitado coprotagonizar dos videojuegos y el DLC *The Last of Us: Left Behind* (Naughty Dog, 2014), para enamorar e inspirar a toda una generación de jugadores y jugadoras. El medio especializado *Hobby Consolas* la define como: «Uno de los mejores personajes que ha dado la industria del videojuego en la última década, y que se ha convertido ya en todo un icono cultural por su carisma, su fortaleza y su manera de hacer frente a las adversidades[28]». En paralelo, ha logrado reforzar la figura de personajes femeninos no cosificados ni

....

28   Sol, B. (19 de mayo de 2020). *The Last of Us Parte II*: Ellie, la madurez de una heroína. *Hobby Consolas*. https://www.hobbyconsolas.com/patrocinado/last-us-parte-ii-ellie-madurez-heroina-642333

sexualizados, capaces de enfrentarse sola a una horda de infectados y de supervivientes armados y entrenados. La periodista Anabel Sánchez se hace eco del papel de Ellie como heroína *millenial* que rompe con los clichés tradicionales de los personajes femeninos: «Las princesas en apuros y las justicieras con poca ropa son historia. Ellie demuestra que las chicas son guerreras, valientes y capaces de sobrevivir en un mundo que se ha vuelto muy peligroso[29]».

El éxito de la saga, unido al carisma de Joel y Ellie, ha provocado la realización de una serie homónima para HBO. La serie, estrenada en enero de 2023, realza el papel antiheroico de Joel, que incluso se muestra más aguerrido y destrozado que su personaje homónimo del videojuego. En cuanto a Ellie, la versión de la serie es más áspera y dura que la versión del personaje en los primeros compases de la primera entrega. Seguramente, como sucede con la narrativa de las dos entregas de The Last of Us, también invita a los espectadores a asistir al crecimiento personal, físico y mental de Ellie.

Volviendo al videojuego, este logra hacer que los jugadores empaticen con ella cuando sufre los primeros desprecios de Joel, pero también cuando ella muestra preocupación por la brutalidad de este con otros supervivientes. Los jugadores sufrieron cuando los saqueadores intentaron abusar de ella y matarla, o cuando lloró la pérdida de alguien muy especial en su vida, a la vez que sintieron rabia y clamaron venganza junto a ella. Ellie es más que una antiheroína de la generación *millenial*, pues su historia ha dejado huella a todas las generaciones actuales de *gamers*. De la misma manera, también ha inspirado a otros personajes femeninos que han llegado después como Aloy, Senua o en los diseños tardíos que muestran la evolución de Lara Croft, cada vez más humana y menos sexualizada.

....

29   Sánchez, A. (17 de junio de 2020). Así es Ellie, la heroína *millennial* que necesitaba el mundo de los videojuegos. *Cosmopolitan*. https://www.cosmopolitan.com/es/consejos-planes/familia-amigos/a32726339/ellie-the-last-of-us-parte-ii/

ELLIE Y SU TRANSFORMACIÓN. La joven Ellie camina constantemente entre su luz y la oscuridad que la envuelve. Copyright: Naughty Dog, 2013.

Ellie podría ser considerada una antiheroína en el viejo mundo. Sin embargo, en el despiadado y desolado *nuevo mundo* que el *storyworld* de la saga desarrolla, sin duda, es uno de los pocos puntos esperanzadores. Resulta interesante ver cómo responde a la filosofía que quisieron crear sus diseñadores. Según Druckmann, director de *The Last of Us parte II* (Naughty Dog, 2020), quisieron narrar una historia que reflejara las potenciales consecuencias de las acciones de cada persona y que los actos humanos no siempre pueden calificarse como buenos o malos. Bajo este precepto, es más que plausible pensar que Ellie habría muerto por salvar la humanidad del mismo modo que ha demostrado ser capaz de perdonar la vida de un enemigo. Su camino es antiheroico, repleto de odio, venganza, ira y muerte, pero Ellie, aun siendo letal y temible, es la heroína de esta historia. La única que aún puede demostrar misericordia y bondad, cuando ya no queda nada más que pérdida y duelo.

CAPÍTULO X

AGENTE 47, ASESINO SILENCIOSO, FRÍO Y LETAL

> Los nombres son para los amigos, así que no necesito ninguno.
>
> Agente 47 *(Hitman)*

6 40509-040147. Este es el número de serie que lleva tatuado en la parte inferior trasera de su cabeza uno de los asesinos más letales y sigilosos de la historia del videojuego. Le llaman 47, por los dos últimos dígitos de dicho número, aunque cuando comienza a trabajar para la Agencia de Contratación Internacional (ICA), recibe el nombre definitivo por el que se le conoce en el universo narrativo de la saga Hitman: Agente 47. No obstante, la mayoría de los jugadores se refieren a este personaje por Hitman y por el apodo de Asesino Silencioso. Se le llame por su número de serie o mediante cualquiera de los apodos o alias, es indudable que es uno de los antihéroes más reconocidos del sector, aunque su personalidad no sea tan carismática como la de Dante, Bayonetta o Geralt de Rivia ni sea tan poderoso como Kratos o Alex Mercer, ni su personalidad tan profunda como la de Senua, Arthur Morgan o Martin Walker. Pese a todo, este infalible asesino no faltará en ningún *ranking* o listado de personajes antiheroicos del sector.

Uno de los aspectos que más le caracterizan es que, pese a ser un clon humano, tiene cualidades físicas sobrehumanas como una gran fuerza, resistencia, reflejos y agilidad. Su primera aparición se produce en *Hitman: Codename 47*, videojuego creado por IO Interactive y publicado por Eidos Interactive en el año 2000 para PC. Se trató de un videojuego de acción y sigilo en tercera persona que recibió críticas muy favorables por la prensa especializada y que pronto se convirtió en uno de los referentes del género de sigilo táctico.

Del Agente 47 no se tienen muchos datos biográficos. En su informe se indica que nació el 5 de septiembre de 1964 en un asilo abandonado de Satu Mare en Rumanía. Sin embargo, según avanza la trama, los jugadores descubren, a la par que lo hace el personaje, que realmente nació fruto de un experimento de clonación dirigido por el Dr. Otto Wolfgang Ort-Meyer. Aun cuando ese hecho hubiera destrozado mentalmente a cualquier persona, Hitman demuestra la entereza suficiente para no decaer, seguramente ayudado por su propia naturaleza y por el entrenamiento físico y psicológico al que había estado sometido desde su nacimiento/creación. No obstante, este acontecimiento marcaría gran parte de la personalidad del Agente 47, así como su forma de ver la vida y su existencia. Como también incidirá en él, el hecho de que la trama le lleve a descubrir que tiene un total de cinco padres genéticos: Lee Hong, Pablo Belisario Ochoa, Frantz Fuchs, Arkadij Jegorov y Dr. Otto Wolfgang Ort-Meyer. Menos el Dr. Otto Wolfgang Ort-Meyer, científico que dirigió la clonación del Agente 47, el resto son narcotraficantes o líderes de bandas paramilitares de los que se sustrajo ADN para crear, mediante combinación genética, a una de las más perfectas máquinas de matar. Hitman acabaría por encontrarlos y asesinarlos uno a uno sin escrúpulos ni misericordia, un rasgo que lo separa del heroísmo y lo acerca a las sombras de los antihéroes.

Uno de los asesinos más letales del videojuego y del cine

Hitman es un personaje con una serie de habilidades que lo hacen único, no en vano, fue entrenado desde niño y en condiciones extremas para hacer de él el perfecto asesino. Es un maestro del sigilo hasta el punto en que puede acabar con varios enemigos en una misma habitación sin ser visto. También es un maestro del disfraz y el camuflaje, como ha demostrado en innumerables ocasiones haciéndose pasar por policías, doctores, camareros, bomberos, repartidores, payasos, personal de mantenimiento o, incluso, como un detective privado que es capaz de resolver un asesinato, mientras prepara otro. Sus nervios de acero, su adaptabilidad al entorno y su dominio de varios idiomas, son elementos que ayudan a que pase desapercibido en diferentes países y entre distintas culturas.

SOMBRA Y ASESINO. Hitman, uno de los personajes que mejor cumple con la premisa: los antihéroes no nacen, se forjan. Copyright: IO Interactive, 2016.

El Agente 47 ha estado sometido la mayor parte de su vida a un entrenamiento que podría considerarse inhumano en cuanto a exigencia física y resistencia, mientras que también ha recibido instrucción en espionaje, camuflaje e infiltración. Además de ese entrenamiento y su formación, a lo largo de su dilatado servicio, ha participado en una cincuentena de operaciones y se ha enfrentado a todo tipo de mafias, asesinos, mercenarios y organizaciones criminales. Es un asesino nato e infalible.

Como ha demostrado en algunos videojuegos o en las películas, es un excelente conductor y es muy ágil, capaz de subir por tuberías o saltar de un balcón a otro sin lesionarse. A ello se une una gran veloci-

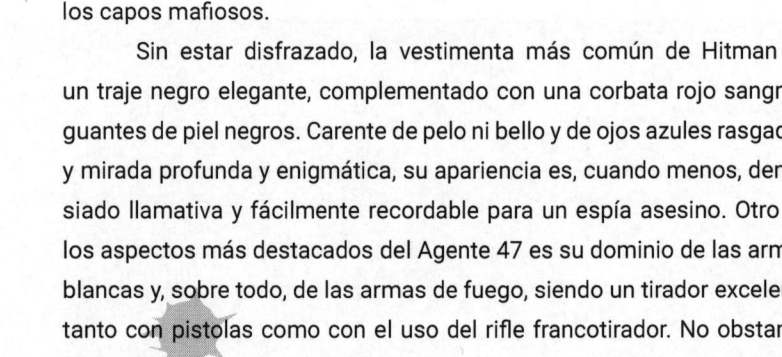

dad de movimiento y grandes reflejos, lo que le permite reaccionar ante la mayoría de los ataques o situaciones inesperadas. Su gran capacidad analítica y su mente fría y calculadora le convierten en un gran estratega, capaz de adaptarse a cualquier desafío o planificar el asesinato de los objetivos más protegidos, como pueden ser los reyes del narcotráfico o los capos mafiosos.

Sin estar disfrazado, la vestimenta más común de Hitman es un traje negro elegante, complementado con una corbata rojo sangre y guantes de piel negros. Carente de pelo ni bello y de ojos azules rasgados y mirada profunda y enigmática, su apariencia es, cuando menos, demasiado llamativa y fácilmente recordable para un espía asesino. Otro de los aspectos más destacados del Agente 47 es su dominio de las armas blancas y, sobre todo, de las armas de fuego, siendo un tirador excelente tanto con pistolas como con el uso del rifle francotirador. No obstante, Hitman puede reducir a cualquier enemigo aunque no disponga de armas, pues tiene un dominio casi perfecto del combate cuerpo a cuerpo, pudiendo vencer a varios contrincantes a la vez, aunque le superen en tamaño y peso.

Cuando el Dr. Ort-Meyer creó a 47 mediante un experimento de clonación, gracias a la bioingeniería consiguió dotarle de fuerza, agilidad, flexibilidad y resistencia superiores a la mayoría de los humanos. Sin llegar a tener súper fuerza, súper velocidad o súper agilidad como muchos de los superhéroes de Marvel o DC Comics, se puede afirmar que, gracias a sus reflejos y fuerza mejorada biogenéticamente, su nivel de poder está un peldaño por encima de otros antihéroes que han trabajado como asesinos profesionales como Viuda Negra, Ada Wong, John Wick o Ezio Auditore. Sin ánimo de abrir el estéril debate sobre quién sería el vencedor en un combate singular, no se puede obviar que sus atributos base son sobrehumanos y que toda su vida ha estado dedicado al entrenamiento extremo y al asesinato profesional. Por si no fuera suficiente, el Agente 47 tiene una profunda tolerancia al dolor y su cuerpo posee cierta regeneración, pues se recupera con una capacidad sobrehumana de heridas no letales, aunque siga necesitando curas médicas y antibióticos.

¿Por qué Hitman es un antihéroe y no un villano?

En un primer momento cuesta argumentar por qué el Agente 47 es un personaje más antihéroe que villano, puesto que acaba de ser descrito como un asesino sin escrúpulos, frío, calculador, implacable y que ha sido capaz, incluso, de acabar con la vida de sus padres genéticos. No obstante, cuando se examina su historia desde una perspectiva más panorámica y holística, se observa a un personaje que no disfruta matando, sino que asesina porque es su trabajo y porque cree estar haciendo lo correcto. Amén de este hecho, cabe señalar que sus blancos son personajes terribles, como narcotraficantes, contrabandistas de armas o asesinos, por lo que, aunque el Agente 47 comete actos moralmente reprochables, es el menor de los males que la narrativa plantea. Por otro lado, aunque el videojuego propone un abanico de posibilidades enorme a la hora de afrontar nuestros objetivos, premia al jugador si evita muertes innecesarias y, sobre todo, lo penaliza si acaba con la vida de inocentes o de otros no tan inocentes pero cuya muerte era innecesaria. La mecánica del juego está diseñada para que se respete, en la medida de lo posible, lo que significa ser un asesino silencioso que tiene que ejecutar un blanco.

Uno de los aspectos más antiheroicos del personaje es su arco de redención. Ya a partir de la segunda aparición en un videojuego y, tras conocer al padre Emilio Vittorio, empieza a desarrollar un fuerte conflicto interno respecto a lo que creía y lo que está descubriendo. A cada hallazgo y cada paso que avanza la trama, Hitman se cuestiona más las órdenes que ha recibido por parte de la ICA, organización para la que ha trabajado. Por este motivo, decide donar su dinero a la causa del padre

Vittorio y ayudarle con sus causas sociales en Sicilia. No obstante, como suele sucederles a todos los personajes con los que Hitman entabla vínculos afectivos, unos extraños secuestran al padre Vittorio y él tendrá que volver a retomar su anterior estilo de vida para salvarle y vengarse.

La protección de inocentes como Vittorio en *Hitman 2: Silent Assassin* (IO Interactive, 2002) o de la pequeña Victoria en *Hitman: Absolution* (IO Interactive, 2009), el rescate a compañeros como el Agente Smith, se combina magistralmente con la venganza contra quienes les hicieron daño o secuestraron. De esta manera, Hitman encarna el bien y el mal, encontrando el equilibrio entre ambas dimensiones polarizadas, como tantos otros antihéroes y antiheroínas. Por tanto, aunque en los primeros compases del primer videojuego es guiado mediante órdenes, pronto tendrá un código ético propio que no responde a estereotipos clásicos de héroes ni de villanos, pero siempre mostrará signos de moralidad, cuestionándose sus valores y creencias. Evolucionando, mutando, redefiniéndose y adaptándose a todo cuanto haga falta por acabar con sus enemigos y seguir adelante, así es su personalidad resiliente de Hitman y en muchos antihéroes, como en el siguiente protagonista de capítulo: Marcus Fenix, el líder del pelotón Delta de la saga Gears of War.

CAPÍTULO XI

MARCUS FENIX CONTRA EL TORMENTO DE SU PASADO Y FRENTE A LA SOCIEDAD QUE LE DESPRECIA

> Por mí pueden comer mierda y morir.
> Marcus Fenix (saga *Gears of War*)

La inclusión de Marcus Fenix, principal protagonista de la primera trilogía Gears of War, como parte del elenco de antihéroes y anti-heroínas que protagonizan esta obra, seguramente sorprenderá e inquietará a muchos lectores. Sin embargo, existen numerosas razones por las que no se puede considerar a Marcus un héroe convencional, y, por el contrario, hay muchas otras que lo definen y categorizan como un antihéroe.

¿Cómo es Marcus Fenix? Marcus es el mejor soldado que jamás se ha enfundado un traje de la CGO (Coalición de los Gobiernos Ordenados). No tarda en convertirse en el militar más importante de los humanos en su lucha contra los locust, unos seres que emergen desde el interior de Sera, el planeta de los humanos en el universo narrativo de la saga. Durante la guerra, Marcus demuestra ser lo suficientemente fuerte como para vencer a un locust drone[30] en singular combate cuerpo a cuerpo o lo suficientemente diestro para batir al habilidoso Skorge, uno de los líderes de los locust, en un combate táctico. Es un líder nato, carismático e incansable. Marcus no se rinde, no decae, no conoce el miedo y, pese al desánimo de los compañeros o las pocas posibilidades de éxito en batalla, siempre mantiene el aplomo para animarlos y para salvarles el pellejo mediante un algún recurso inesperado. Ha demostrado poseer una men-

....

30   Los locust son unas larvas antropomórficas que provienen del interior del planeta Sera. Poseen una fuerza extraordinaria y han sido entrenados para aniquilar la raza humana.

te estratégica apta para el campo de batalla y una destreza perfecta con cualquier arma de fuego, ya sea a corta distancia como una escopeta *gnasher* o a larga como un rifle francotirador, incluso es diestro con las armas del enemigo.

Físicamente es muy corpulento, aunque no tanto como algunos de sus compañeros de pelotón. De cabello moreno, de 1,85 m de altura y provisto de una mirada profunda y desafiante proyectada por sus ojos rasgados y azules. Tiene varias cicatrices en el rostro que supuestamente se realizó en su estancia en la cárcel. Suele llevar perilla, menos en *Gears of War 5* (The Coalition, 2019) en el que se presenta con una barba profunda y canosa como símbolo del paso de los años. Se caracteriza por llevar un pañuelo gris oscuro en la cabeza en lugar del reglamentario y característico casco de los CGO. Este pañuelo le acompaña siempre, menos en algunas cinemáticas o en algunas versiones del personaje en el modo multijugador. También suele llevar su armadura de Gears con tonos plateados y azul marino mientras empuña su ametralladora *lancer* provista de una motosierra o su escopeta *gnasher* capaz de triturar a un *locust* a corta distancia. Antes de convertirse en miembro y líder del pelotón Delta de la CGO, fue miembro del pelotón Omega.

El pasado de Marcus le convierte en antihéroe

¿Qué hace de un líder militar valeroso, con honor y sentido del compañerismo un antihéroe? Marcus Michael Fenix nació en la ciudad de Tyro en el año 21 antes del Día de Emergencia. Su padre, Adam Fenix, fue un reconocido científico militar que más adelante ayudaría a crear el martillo del alba, una de las armas definitivas en la lucha contra la especie locust. Por otra parte, su madre desapareció repentinamente cuando Marcus aún era un niño. Ese desgraciado hecho traumatizó a Marcus y le marcaría de por vida. La ausencia materna y, en la mayor parte del tiempo, paterna, ocasionó que pasara su adolescencia en compañía de la familia

Santiago, sobre todo con Carlos, de su misma edad y con Dominic, el hermano menor de Carlos.

Carlos se convertiría en su amigo inseparable y también sería la persona que más influyó en Marcus para que, años más tarde, se alistase en la CGO contra el deseo de su padre. Adam quería que su hijo siguiera el linaje familiar y se convirtiera en un gran científico, deseaba que su hijo dedicase su vida a la ciencia y no a la guerra. Pese a los deseos de su padre, Marcus no fue a la Academia Oracle, sino que decidió enrolarse en el ejército y, una vez acabado su entrenamiento, participar en las guerras del Péndulo. Durante muchos años, Carlos y Marcus estuvieron combatiendo en la guerra, hasta que en una batalla hirieron gravemente a Carlos, quien acabó muriendo heroicamente por ayudar a Marcus y al resto de sus compañeros.

La pérdida de su gran amigo es la segunda tragedia que marca la vida y la personalidad de Marcus, cada vez más desarraigado a la sociedad y sus gobiernos y más escéptico sobre su papel en la guerra o el sentido de esta. No es de extrañar que ese sentimiento influyera en sus posteriores decisiones, cuando diez años después, abandona su puesto militar para intentar salvar la vida de su padre cuando los locust salieron a la superficie y comenzaron a aniquilar humanos. Ese hecho, haría que lo condenasen y encarcelasen por considerarlo un acto de traición, aunque pudo salvarse de la pena de muerte por todas las hazañas bélicas que había logrado años antes, durante la guerras del Péndulo. Marcus no pudo salvar a su padre, abandonó el campo de batalla y fue deshonrado y condenado a pasar cuarenta años en la cárcel. Había perdido la esperanza, a todos sus seres vivos y era considerado un traidor. Su sombra crecía en él, como su desesperación. Poco de virtud y heroísmo quedaba en Marcus, aunque como todo buen antihéroe, su resiliencia le permitiría seguir vivo el tiempo suficiente para reaparecer de entre la oscuridad.

Este hecho se empieza a vislumbrar en los primeros compases de *Gears of War* (Epic Games, 2006), cuando su amigo, antiguo compañero y hermano de Carlos, Dominic Santiago (Dom), abre la celda de la prisión de máxima seguridad en la ciudad de Jacinto en la que Marcus está preso desde hace cuatro años. Su puesta en libertad se produce gracias a un indulto concedido por el coronel Hoffman a todos los criminales de guerra para que estos puedan volver al ejército de los CGO y reforzar así sus filas frente a la invasión locust, la especie que años antes había emergido a la superficie para invadir Sera.

De esta forma, el jugador se hace con el control de un personaje que está encarcelado, repudiado del ejército y condenado por su propio gobierno por haber cometido traición. Marcus ha pasado los últimos cuatro años en el ostracismo más absoluto mientras sus familiares, amigos, compañeros y conocidos morían o corrían peligro ante las hordas de monstruosidades surgidas del interior de Sera. *A priori*, nuestro personaje no aparenta tener nada que lo haga especial, pues es un militar olvidado en una pequeña celda hasta que, como muchos otros, recibe el indulto. Pero se observa que, a diferencia de la gran mayoría de los patrones narrativos del *viaje heroico*, Marcus Fenix no es el héroe esperado por su pueblo ni recibe la tradicional llamada a la aventura o la visita de un heraldo que convence al héroe de su rol trascendental en el trascender del mundo. Contrariamente, sí puede ser considerado como *el menor de los males*, como tantos otros antihéroes, de ahí que decidan liberarlo, porque saben que hay amenazas peores a un supuesto traidor.

En el momento en que el jugador se hace a los mandos de Marcus Fenix, no tiene claro cuál es la motivación del personaje ni conoce su trasfondo narrativo ni tan siquiera sabe cuál será su objetivo a largo plazo. Únicamente entiende que la prioridad es sobrevivir y, para ello, debe empezar por aniquilar a todos los *locust* que están asediando la prisión y escapar de la cárcel de Jacinto para recibir órdenes y un informe sobre qué está sucediendo realmente.

Tras este preámbulo, comienza la verdadera aventura de tintes épicos en la que progresivamente irá conociendo más acerca de la personalidad de Marcus y su tormentoso pasado. Armado con su ametralladora *lancer*, que incluye una sierra eléctrica, y la escopeta *gnasher*, se enrola como parte del pelotón Delta. Dicho pelotón está comandado por el teniente Minh Young Kim, el recluta Anthony Carmine, su amigo Dom y él mismo. Las órdenes del comandante Hoffman son claras: obtener un dispositivo que permitirá a la GCO trazar digitalmente el mapeado de todos los túneles de los locust. Una vez la CGO tenga el mapa trazado, podrán lanzar una bomba de masa ligera, que destruirá todas las vías de acceso de los locusts a la superficie a la vez que sesgará la vida de miles de enemigos. El plan parece perfecto, pero su ejecución no será sencilla.

En cada calle surge un agujero de larva del que saldrán numerosos locust para impedirles avanzar. Continuamente viven confrontaciones a vida o muerte, tiroteos, deben esquivar las granadas y las lluvias de balas o los arcos explosivos. Los locust son enemigos temibles, extremadamente fuertes e insaciables, han sabido especializarse en granaderos, francotiradores, arqueros y otros tantos tipos, conformando un ejército terrible, cuyos integrantes no dudarán en aniquilar a todo cuanto se cruce en su camino, sin importar si son fuerzas armadas o civiles. Pero entre sus filas hay un enemigo más temible, mortífero y brutal que todos los anteriores: el General RAAM. Este enorme locust es respetado y temido por su propia raza, no solo por su fuerza o su brutalidad, sino porque domina a los krills, unos especímenes voladores nocturnos que pueden sesgar la vida de cualquier ser vivo en cuestión de segundos. En nuestro primer encuentro con este despiadado estratega militar, RAAM asesina a Kim atravesándolo con una espada, mientras nos mira desafiante y un francotirador locust mata a Carmine. En ese preciso instante, para Marcus, la guerra cobra un nuevo matiz: la venganza personal contra RAAM y su ejército.

Marcus, que no era ningún héroe ni estaba llamado a protagonizar la aventura y que se sentía abandonado y que había sido tachado de traidor, se convierte así en el líder del nuevo pelotón Delta, al que más adelante se unirán el famoso exjugador de *thrashball*, Augustus Cole, y el único

superviviente del pelotón alfa, Damon Baird, un sarcástico e ingenioso ingeniero. Con esta formación, que será inquebrantable hasta muy avanzados los hechos de la tercera entrega, el pelotón D se embarca en decenas de aventuras tanto en la superficie como en el mundo de los locust. Se enfrentarán a cantidades ingestas de enemigos, cada vez más poderosos y abominables como boomers, corpsers, reavers, brumaks o un gusano de proporciones gigantescas que destroza ciudades sin apenas dificultades. Finalmente, en el quinto y último capítulo de la primera entrega, Marcus se enfrenta al General RAAM en un combate a vida o muerte. Como no podría ser de otra forma, si Marcus juega bien sus cartas y es preciso con el francotirador o el arco explosivo, vencerá a RAAM por siempre y el ejército enviará la bomba de masa ligera a las profundidades, acabando así con los krills, derribando la mayoría de los túneles del enemigo y disminuyendo considerablemente sus filas. Es una gran victoria, pero la guerra seguirá en las siguientes entregas y vendrán enemigos aún más temibles, como la Reina Locust.

Marcus Fenix como contrapartida del Jefe Maestro

Sonic ahora es un personaje transversal, es posible vivir sus aventuras en prácticamente cualquier plataforma existente, pero hace treinta años era el personaje insignia de las videoconsolas de Sega, especialmente de Mega Drive. Por su parte, Nintendo siempre ha tenido en Mario Bros a su personaje más representativo, aunque el gigante nipón también posee en su elenco a Samus Aran, Link, Luigi, Kirby, Joshi, Donkey Kong y, desde que la consiguió en exclusividad, también se podría añadir a Bayonetta, entre otros. Paralelamente, Sony tiene a Crash Bandicoot, Kratos, Nathan Drake, Joel y Ellie, Ratchet y, desde hace menos tiempo, a Astro Bot o a Aloy, además de otros que no han sido exclusivos de las consolas de Sony, pero que se han vinculado históricamente con PlayStation como Solid Snake y Big Boss o Cloud Strife. Sin embargo, Microsoft Xbox y Xbox 360, pese a desplegar un catálogo con obras maestras exclusivas como *Halo 2* o *Fable* y temporalmente exclusivas como *The Elder Scrolls IV: Oblivion* (Bethesda Softworks, 2006), a principios de siglo solo tenía un único personaje representativo e insignia, aunque también se podía disfrutar de él en PC. Se trata de Jefe Maestro o Master Chief, uno de los personajes más carismáticos y con mayor número de enemigos vencidos a sus espaldas de la historia del videojuego. Un auténtico reclamo para los *gamers*, un personaje cuyos juegos son considerados vendeconsolas y un estandarte en los *shooters* tanto en los *multiplayer* locales como en los *online* de los últimos veinte años. Pese al respeto que se merece el Jefe Maestro, era más que evidente que él solo no era suficiente para representar todos los géneros y estereotipos de personajes de las presentes y venideras videoconsolas de Microsoft. Era necesario pensar en sumar efectivos y todo parecía indicar que *Gears of Wars* (Epic Games, 2006) era una oportunidad única.

Cuando Epic Games publica el primer *Gears of War* en 2006 en Xbox 360, revoluciona el género de los *shooters* en tercera persona por la conjugación de diversos motivos. En primer lugar, el videojuego desarrolla un nivel técnico muy superior a la mayoría de las obras coetáneas. Tanto el diseño artístico como el sonido y doblaje ayudaron a construir una atmósfera única que revestía el mundo de Sera y el universo narrativo que empezaba a desplegarse ante los jugadores. Otro aspecto por destacar era el diseño de unos personajes de grandes proporciones, bien definidos y detallados, con movimientos muy realistas. El tercer elemento fue la implementación de un sistema de coberturas diferente a los que se habían visto en el mercado. Si bien se inspiraron en *Kill.Switch* (Visual Impact y Namco, 2003), lo mejoraron considerablemente al convertir el escenario en un terreno indicado enteramente para los tiroteos desde cobertura y, además, los enemigos se cubrían a la perfección, sobre todo en los niveles más altos de dificultad. Tal fue el éxito de este sistema que posteriormente sería copiado hasta la saciedad por otros videojuegos como *Army of Two* (EA Montreal, 2008), *Killzone 2* (Guerrilla Games, 2009), *Vanquish* (Platinum Games, 2010), *Tom Clancy's Splinter Cell: Conviction* (Ubisoft, 2010), etc. Incluso Niko Bellic en *Grand Theft Auto IV* (Rockstar North, 2008) protagonizó varias escenas con coberturas. A todo ello, se unió uno de los modos *multiplayer* más adictivos de este tipo de género y de la época, que alargó considerablemente la vida del videojuego pese a que su campaña de uno o dos jugadores se podría acabar fácilmente en menos de doce horas.

El éxito del videojuego también se debió a la gran campaña de publicidad que realizó Microsoft, apoyando claramente la obra de Epic Games. Seguramente aún resuena en muchas mentes la versión de Gary Jules de la canción «Mad World», originaria del grupo Tears for Fears, cuya letra y melodía acompaña a un anuncio inolvidable en el que Marcus se enfrentaba a un enemigo mastodóntico: el corpse. De hecho, una versión más lenta e instrumental, sería, de nuevo, la banda sonora de la tercera entrega. Sus acordes, junto con los sonidos tan característicos como el de la recarga activa del arma, el pitido de las granadas antes de que exploten o el sonido de la motosierra incorporado en la metralleta *lancer*, se convertirían en sonotipos que construirían el *branding* sonoro de la saga y que quedarían por siempre fusionados con la imagen de Xbox.

Pero todos esos alardes técnicos, jugables y artísticos, no serían de gran aliciente sin la narrativa de la obra y, especialmente, sin Marcus Fenix, su principal protagonista. El líder del pelotón Delta se convirtió rápidamente en la contrapartida o suplemento perfecto al Jefe Maestro, siendo así un personaje altamente popular entre los jugadores. Los Gears supusieron una fórmula mágica para querer saber más de ese nuevo universo narrativo que Cliff Bleszinski y su equipo habían desplegado en Xbox 360. La personalidad de Marcus está muy marcada por los acontecimientos trágicos que ha vivido. Ha dedicado toda su vida al ejército y a luchar en las guerras del Péndulo y, posteriormente, contra el ejército de los locust y los lambert, mientras ha asistido a la muerte de sus amigos, de su padre, a la pérdida de su esposa Anya Stroud y al fallecimiento de su hijo James Dominic Fenix en *Gears of War 5*. Durante toda la saga Marcus tendrá un papel trascendental destacando algunas de sus hazañas: vencer a RAAM y Skorge, detener al gusano gigante, evitar la pandemia de los lambert, dominar un Brumak, aniquilar varios corpsers o enfrentarse personalmente a Myrrah, la Reina Locust, en el final de *Gears of Wars 3* (Epic Games, 2011), entre muchas acciones míticas.

Se trata de su pasado trágico, su conflicto interno, sus contradicciones internas, su mirada, sus gestos, la forma cínica de reírse cada vez que vuela los sesos de un locust, su rebeldía, su camino de redención, el ver cómo todo un pueblo al que ha salvado le odia, su odio, rabia y sed de venganza al enfrentarse a terribles bestias... Son tantos los rasgos antiheroicos que configuran la fuerte personalidad de Marcus que, aunque *a priori* parezca un error considerarlo como tal, tras profundizar en él, es posible afirmar que se trata de un antihéroe de los pies a la cabeza.

Seguramente él no se siente precisamente un héroe y más vale no llevarle la contraria, como tampoco es conveniente contradecir a Senua, la protagonista de *Hellblade: Senua's Sacrifice* (Ninja Theory, 2017) y una de las representantes de aquellos antihéroes o antiheroínas que tienen problemas de salud mental y de esos videojuegos que se preocupan por mostrar problemas sociales y humanos desde una perspectiva muy cercana y cuidada.

CAPÍTULO XII

LOS PROBLEMAS DE SALUD MENTAL EN KAI, SENUA Y MADELINE

Los hombres buenos tienen buenas intenciones.
Solo que no siempre terminan haciendo el bien.
Isaac Clarke en *Dead Space* (EA Redwood Shores, 2008)

Cuando Christopher Vogler reinterpreta y actualiza el comentado anteriormente *viaje del héroe* de Joseph Campbell, resalta la necesidad de empezar la aventura en el primer umbral, que se conoce como *mundo ordinario*: «Debido a que abundan las historias de viajes que conducen al héroe y al público a mundos especiales, muchas de ellas empiezan por establecer un mundo ordinario que funciona como el punto de partida para la comparación[31]». Dicho mundo ordinario, al que pertenece el o la protagonista de la historia, dará paso al umbral de lo desconocido.

Sin entrar en el terreno de los *serious games*, entendidos como aplicaciones educativas que combinan la educación y la información con los elementos lúdicos de los videojuegos, algunos autores empiezan a constatar la implicación de los videojuegos con los temas sociales y la complejidad del ser humano. A estos efectos, empieza a ser cada vez más habitual encontrar videojuegos que describen ese mundo ordinario tal y como es en realidad y no solo mundos oníricos repletos de seres deshumanizados. Se trata de títulos que se hacen eco de los problemas sociales y humanos, de las desigualdades y el racismo como *Life is Strange II* (Dontnod Entertainment, 2018), los problemas que afectan a las nuevas generaciones como el *bullying* en *Bully* (Rockstar Vancouver, 2006),

....

31   Vogler, Ch. (2002). *El viaje del escritor*. Ma Non Troppo, p. 130.

el acoso sexual o el suicidio en *Life is Strange* (Dontnod Entertainment, 2015). Algunos videojuegos incluso han servido como medio de protesta política, otras obras tratan temas como la dependencia de las redes sociales, el consumo de sustancias adictivas o los problemas de salud física y mental. Algunas abordan estos problemas de una forma más directa, como *The Town of Light* (LKA, 2016), que critica cómo trataban en los psiquiátricos a los pacientes a principios del siglo xx. Mientras que otras, lo hacen de una forma más indirecta y alegórica. Este es el caso de *Stray* (Blue Twelve Studio, 2022), un título que despliega un mundo apocalíptico y distópico formado por una sociedad de robots que repiten problemas sociales como los actuales y cuya única esperanza es un gato. Mientras que *Night in the Woods* (Infinite Fall y Secret Lab, 2017) bajo un relato e historias de ficción y tramas sobre desaparecidos y sectas con personajes antropomórficos, toca temas sociales y relaciones interpersonales que afectan a los adolescentes y lo hace de una forma indirecta y sutil. En este sentido, resulta cautivador estudiar cómo los videojuegos están consiguiendo poner de manifiesto todo aquello que se esconde tras las personas, incluidos sus miedos, sus debilidades o sus problemas de salud mental. Un hecho que, irremediablemente, contrasta con la propia mente humana según el pensamiento de H. P. Lovecraft en *La llamada de Cthulhu*: «No hay fortuna mayor, creo, que la incapacidad de la mente humana para relacionar entre sí todo lo que hay en ella[32]».

Particularmente, es interesante ver cómo una serie de videojuegos han enfocado las narrativas de la salud mental como motor nuclear de sus historias, mecánicas jugables y arco de personajes. Concretamente, en lo que a personajes se refiere, hay tres títulos que proyectan este tipo de narrativas de la enfermedad desde el punto de vista subjetivo de sus protagonistas. Se trata de Kai, Senua y Madeline, tres antiheroínas que, por diferentes motivos que se desglosan a continuación, ya

----

32   Lovecraft, H. P. (2007). *Cuentos de los mitos de Cthulhu. Los orígenes.* Valdemar, p. 13.

forman parte de la historia de los videojuegos. En adición, también han ayudado a desestigmatizar los problemas de salud mental que tantas veces se han asociado con los villanos en la literatura y en el cine e, incluso, en el videojuego, como sucede en el videojuego de terror *Outlast* (Red Barrels, 2013).

Kai es la protagonista de *Sea of Solitude* (Jo-Mei Games, 2019), un videojuego distribuido por Electronic Arts para Nintendo Switch, PlayStation 4, Xbox One y PC. El videojuego tiene el sello de Cornelia Geppert, puesto que, de alguna forma, puede considerarse una obra de autoficción, en tanto que la diseñadora reproduce en la protagonista, Kai, partes reales de su vida. Es una obra de expresión artística, con un diseño estético muy particular, que recrea y simboliza mediante monstruos marinos y voladores, los problemas o personas de la infancia, adolescencia y madurez del personaje y su creadora. El título, muy premiado por su propuesta jugable y, sobre todo, su estética e historia, narra episodios de la vida de Geppert, especialmente aquellos más traumáticos, como el *bullying* que sufría su hermano o la separación de sus padres.

Kai es imperfecta, tiene miedo, dudas, rabia y padece soledad e incomprensión. Va madurando en el viaje, se deja sorprender por lo nuevo, intenta enmendar los errores del pasado. *Sea of Solitude* es un ejercicio de autoconocimiento, de reflexión, una mirada introspectiva hacia cómo el ser humano afronta los problemas interpersonales. Con Kai se abordan de forma indirecta y en un prisma semisubjetivo problemas de salud mental como la ansiedad y la depresión. Kai no tiene nada de villana, pero tampoco es una heroína, es un personaje muy humano que empieza su aventura desde el mundo ordinario para encontrar algo de paz en él, mientras encuentra la mejor versión de sí misma, a través de aceptar su pasado. No puede cambiar lo que ha sucedido, pero puede empezar por perdonarse a sí misma.

Por su parte, el videojuego *Hellblade Senua's Sacrifice* (Ninja Theory, 2017) presenta un interesante paralelismo con la sociedad actual y la situación de las personas que sufren problemas de salud mental seve-ros como la psicosis o la esquizofrenia, que en ambos casos suelen tener relación directa. Senua es una joven perteneciente a la tribu de los pictos de la civilización celta. Su tribu nunca la ha aceptado porque no entienden los problemas de salud mental que padece Senua y, por este motivo, creen que está maldita. Los jefes de la tribu la apodan *geilt*, denominación que reciben aquellos considerados endemoniados o que han recibido alguna maldición. Finalmente, es expulsada y obligada a exiliarse de la tribu. El hecho de que su pueblo o entorno la rechace o el padecer un problema de salud mental, son algunos de los rasgos más comunes en los antihéroes y antiheroínas.

Esta gran guerrera de enormes ojos azules inicia un viaje hacia el infierno nórdico, en un intento desesperado e ilusorio por recuperar el alma perdida de su amado, decapitado por unos incursores vikingos. En el prólogo del título se avisa al jugador que esta obra trata sobre la psicosis y que ha sido realizada con el apoyo y asesoramiento de profesionales clíni-cos y el testimonio de pacientes. Sin embargo, es en el inicio de la aventu-ra cuando realmente se empieza a apreciar el grado de detalle e inmersión en la reproducción de los síntomas de esta enfermedad. Enseguida se empatiza con Senua, se logra entender qué significa esta enfermedad y qué consecuencias tiene para aquellos que la padecen. La psicosis, según Topdoctors (2020)[33], portal especializado en salud, es un trastorno grave que altera profundamente las capacidades mentales de una persona y la aleja del contacto con la realidad. *Hellblade* no solo logra acercar a los *ga-mers* este trastorno, también consigue desmitificar a las personas que la padecen gracias al correcto uso de las narrativas de la enfermedad. Y, en adición, también consigue que la enfermedad no pondere por encima de la persona o personaje, sino que sea una característica más y que estos

....

33   TopDoctors. (2020). Diccionario Médico: Psicosis. https://www.topdoctors.es/dicciona-rio-medico/

síntomas son simplemente una característica más de la persona, algo que forma parte de ellos (Heropsicología[34]).

LA COMPLEJA MENTE DE SENUA. Senua logra que empaticemos con un problema de salud mental altamente estigmatizado en la historia de otros medios, como el cinematográfico. Copyright: Ninja Theory, 2018.

A diferencia de Kai, Senua no muestra las consecuencias de las relaciones interpersonales o los problemas sociales en la salud mental y viceversa, sino que se adentra en la misma enfermedad, a través de la mentalidad y los sentimientos de quien la padece en la realidad. Por tanto, «con Senua no solo se ayuda a comprender a personas que padecen psicosis y desestigmatizar el trastorno mental, también se construye un personaje antiheroico que logra empatizar con el público en general»[35]. En definitiva, la obra de Ninja Theory construye un personaje fuerte, reflexivo, con capacidad para derrotar a enemigos mayores que ella o resolver

....

34   Heropsicología (2020). Hellblade, un videojuego que te ayuda a entender la psicosis. https://www.heropsicologia.es/hellblade-un-videojuego-que-te-ayuda-a-entender-la-psicosis/
35   Vidal-Mestre, M. y Freire Sánchez, A. (2022). Creadora, antiheroína y gamer: el triple rol de las nativas digitales en la industria del videojuego y sus redes sociales. En Olmo-Arriaga, O.; Ruiz, C. y Vázquez, M. (2022). Mujeres y redes sociales. EUNSA, p. 265.

cualquier puzle, una antiheroína descosificada y no sexualizada, empoderada, imperfecta y alejada de cualquier estereotipo visto antes en un videojuego.

La tercera en discordia es Madeline, protagonista del aclamado juego *indie* Celeste (Extremely OK Games, 2018), un juego de plataformas distribuido para prácticamente todas las videoconsolas actuales y sistemas operativos. Madeline no es una heroína ni tampoco comparte rasgos o atributos con los estereotipados personajes que se acostumbran a ver en la mayoría de los videojuegos del género plataformas, más aún cuando su desarrollo 2D estilo *pixel art* no permite una gran profundidad narrativa. No obstante, la obra consigue trasladar el sentimiento de desesperación del personaje, fruto de la ansiedad que padece y que se agrava por la presión de conseguir ciertas metas, algunas autoimpuestas. Este sentimiento, que seguramente pueda resultar familiar a cualquier persona, se simboliza en clara alegoría hacia el reto casi imposible de alcanzar la cima de la montaña que da nombre al juego: Celeste. Para el investigador Paredes Otero, Madeline da sentido a su vida mediante esta meta:

> El ascenso por la montaña permite conocer el trasfondo de Madeline. Su obcecación por llegar a la cima, siendo cualquier otro resultado un fracaso, es comparable con el pesimismo y negatividad que presenta en algunos momentos, de sentirse incapaz de conseguir algo en su vida. Escalar Celeste es darle un rumbo y un propósito a su vida para dejar de sentirse inútil[36].

¿Qué pasará si Madeline se rinde? ¿Caerá sumida en la depresión? El videojuego es difícil, intenta trasladar así la asfixia por no conseguir los

....

36   Paredes Otero, G. (2020). El enemigo invisible: la sensibilización ante las enfermedades mentales a través de los videojuegos. *Barataria. Revista Castellano-Manchega De Ciencias Sociales* (29), p. 80. https://doi.org/10.20932/barataria.v0i29.565

pequeños y grandes objetivos de la vida real al videojuego y viceversa. Busca la resiliencia y perseverancia en los jugadores, combinando pequeñas dosis de frustración con otras tantas de gratificación conforme avanza en la historia. El premiado título de Extremely OK Games pone de relieve sentimientos muy humanos y reales sobre los hombros de esta pixelada chica, tales como la desesperación, la desilusión o la necesidad de dotar de sentido a la vida y su lugar en ella. A su vez, gracias a la mecánica jugable que está desarrollada en gran consonancia a los personajes secundarios que van apareciendo y a la banda sonora, Celeste logra transmitir la esencia de la ansiedad y ayuda, en cierta manera, a sobrellevarla o, como mínimo, a entenderla mejor.

Las tres antiheroínas son el motor que hace posible el desarrollo de narrativas de la enfermedad en estos videojuegos. Sus problemas de salud mental se combinan con la imperfección, el autocuestionamiento y la puesta en escena de las debilidades, miedos y sombras. A su vez, de forma simbiótica, se afrontan estas situaciones con personajes resilientes, que buscan mejorar su estado o curarse, pero por el camino logran entenderse y aceptarse, algo que, curiosamente, resulta ser la verdadera victoria. El sentido de estas obras no es vencer la enfermedad, como si de un enemigo se tratase, si no entenderla, saber que está ahí y que no es nada de lo que avergonzarse ni deba suponer un tormento. Paralelamente, las obras no ponderan la enfermedad por encima de los personajes, sino como parte de ellos, logrando así que se recuerden por quienes son, no por la enfermedad que poseen.

CAPÍTULO XIII

EL BUDA DE ORO
EN EL ARCO
NARRATIVO
DE BOOKER DEWITT

La leyenda del buda de oro ha trascendido de generación en generación en Tailandia, pese al paso secular del tiempo. Se cuenta que en un templo milenario existía una enorme estatua de un buda de oro al que los monjes veneraban cada día de sus existencias. El buda simboliza templanza, prosperidad y paz, sin embargo, una guerra ajena llegó hasta el templo y los monjes temieron que los invasores robasen la venerada estatua. Uno de ellos, el más avispado y ágil de mente, tuvo la extravagante idea de cubrir al buda con barro, tierra y ramas, de tal forma que se ocultase el brillo que proyectaba el oro y diera la impresión de ser una estatua de piedra abandonada y sin valor.

A los pocos días, el ejército invasor llegó al templo y buscó en todos los recónditos objetos de valor con el fin de saquearlos. Sin embargo, donde estaba el buda, a los ojos de estos invasores únicamente había una estatua que parecía abandonada y carente de valor; el ejército no se detuvo en ella y siguió su marcha. Muchísimo tiempo después, cuando la guerra ya había llegado a su fin, un joven monje se detuvo frente a la estatua. Mientras la miraba absorto, pudo observar cómo una diminuta parte de ella brillaba con los primeros rayos de sol de la mañana. Efectivamente, el buda de oro volvió a brillar. Siempre había estado allí, pero por muy cerca que pasasen muchos por allí, solo quien se detuvo a mirar detenidamente, supo ver qué había realmente.

Esa mirada, detenida y perspicaz, es justamente la que permite a Elizabeth, coprotagonista de Bioshock Infinite (Irrational Games, 2013), mirar en el interior de la estatua de piedra y repleta de arbustos y maleza que es la coraza de Booker DeWitt. Hablamos del otro protagonista y el único personaje jugable de esta maravillosa y distópica obra de ciencia ficción. Pero hay una diferencia notoria respecto a la leyenda que ha servido como metáfora introductoria y la historia de Booker, lo que este esconde no es oro, sino sombras, oscuridad, tormento, dolor y arrepentimiento. Esta es la historia de Booker DeWitt, el antihéroe, héroe y villano de Bioshock Infinite (Irrational Games, 2013).

Y la historia comienza en una barcaza, junto a un hombre y una mujer que hablan sin cesar y portan chubasqueros amarillos. Booker no entiende a qué se refieren sus palabras ni qué hacen allí. Le dejan en un faro abandonado, similar al que comunicaba con Rapture. Al abandonar la barca, sube unas escaleras para encontrar un cadáver y abre la puerta a una especie de cápsula. No hay vuelta atrás, así que decide entrar y emprender el viaje. No sabe a dónde se dirige, pero sabe que es un exsoldado que ahora trabaja como detective privado. Su nombre es Booker DeWitt y su misión es encontrar a una chica y devolverla a Nueva York, como parte de una gran deuda que ha contraído.

Ya ha llegado. La llaman Columbia y es una ciudad situada en el cielo, más allá de las nubes. Parece un sueño: las calles están limpias, los ciudadanos parecen felices y viviendo en armonía, todo es colorido y está perfectamente dispuesto. Ha dejado atrás el frío y la oscuridad, la suciedad y la pobreza de las calles. Parece un sueño, pero no lo es. Columbia está a punto de entrar en una guerra civil, entre los ciudadanos de clase B, que malviven en los suburbios, trabajando en oficios peligrosos e infrahumanos por escasos sueldos y los ciudadanos de clase alta, donde reina el lujo, la tecnología y el turbocapitalismo. Una guerra civil entre los Vox Populi, que son los ciudadanos de clase baja y Los Fundadores, que son los adinerados y que están del lado del Padre Comstock, el líder supremo de Columbia. La ciudad aérea no tiene presidente ni rey ni emperador, sino un padre que los guía a través de su interpretación de la fe y la propaganda ideológica que bombardea constantemente a todos los ciudadanos. El Padre Comstock es uno de los grandes artífices de la independencia de la ciudad de Columbia y su formación en los aires, por lo que, desde los inicios de Columbia, se ha erigido como su principal líder, al que denominan El Profeta.

Este líder también tuvo una premonición: un día llegará un falso profeta que sembrará el caos y traerá el apocalipsis para todos, se le reconocerá porque tendrá grabada las letras AD en su mano derecha. Así que Comstock mandó llenar la ciudad con panfletos y marquesinas que advertían a los ciudadanos de Columbia sobre este falso profeta y dio la orden de acabar con él en cuanto apareciese. Como no podía ser de otra forma, Booker DeWitt tiene esas letras grabadas en la muñeca derecha, por lo que es el falso profeta y está en medio de una guerra civil en la que ambos bandos quieren eliminarlo. Aquí comienza su camino de destrucción, demostrando que es una máquina de matar sin escrúpulos y sembrando toda la ciudad de cadáveres. Era neutral y lo sigue siendo, elimina a todos por igual.

Ante esta ola de violencia desmedida, aparece ella, la chica que supuestamente tenía que rescatar de una torre y devolver a Nueva York. Se llama Elizabeth, tiene una mirada inocente y, al ver a Booker, no le teme ni quiere dar la señal de alarma. Al contrario, camina hacia él y le trata con cariño y cercanía, como si lo conociera de siempre. Booker pronto descubre que tiene una especie de poder que permite conectar dimensiones o, mejor dicho, diferentes líneas temporales. Con su ayuda, integra esa mecánica al juego que, junto con el gancho que permite viajar por raíles aéreos, son las grandes novedades de esta tercera entrega, pues el resto de las habilidades y armas, ya se vieron en *Bioshock* (2K Games e Irrational Games, 2007) y *Bioshock 2* (Irrational Games, 2K Marin y Arkane Studios). También descubre que Elizabeth es la hija del

Padre Comstock, sin embargo, su relación paterno filial está rota, él la mantiene encerrada en una torre para controlar sus poderes y protegerla de sus enemigos y ella no soporta más esa situación ni comulga con sus ideas y políticas.

Aunque Elizabeth acompaña a Booker de buen grado, le repugna la violencia y brutalidad de sus actos. Ella es luz, mientras él es oscuridad. Ella es vida, esperanza y libertad, Booker es muerte, fatalismo y el anclaje al pasado y a las deudas. Sin embargo, esos dos mundos se unen en una épica historia con tintes paranormales y peligros constantes. Son tantas las calamidades y dificultades por las que pasan juntos, que, de alguna forma, les empuja a forjar un vínculo entre ambos personajes. Una relación que, aunque *a priori* pudiera dar pie a diferentes interpretaciones, se orienta hacia el paternalismo y la amistad, que no hacia una relación amorosa.

Pese a todo, tarde o temprano, Elizabeth descubre las intenciones de Booker, que pasan por entregarla a cambio de saldar las deudas. Por este motivo, confronta a Booker, y lo deja sin sentido al asestarle un golpe al pillarle desprevenido. En el momento en que Booker vuelve en sí, y ver que Elizabeth no está, se da cuenta de que la muchacha le importa y que está dispuesto a sacrificarse por ella. Comienza así su arco de redención y el tercer acto de la historia de este viaje antiheroico en clave *steampunk*.

Tras un reguero de muertes y caos, Booker se reencuentra con Elizabeth, salvándola de lo que podría ser una muerte segura. Sin embargo, lejos de un final feliz, la distópica obra de Irrational Games sorprende una vez más. Elizabeth revela el secreto de quién es realmente el protagonista. Booker es mucho más que un detective privado, esconde un gran secreto y no es precisamente un buda de oro. En ese momento, se empiezan a entender todos los *flashbacks* y los recuerdos del pasado, se comprende qué significan las siglas AD grabadas en su muñeca, por qué a Elizabeth le falta un meñique y por qué siempre le ha resultado tan familiar. Ahora más que nunca, entiende que nuestro protagonista no tiene nada de héroe y que todo este viaje es un camino para enmendar los errores del pasado, para encontrar la paz por haber perdido cuanto tenía y amaba, por recuperar lo más importante de su vida. Pero este camino también es el reencuentro con su yo interior, con un profeta que nunca debería haber existido. Para Booker solo hay una salida y esa no pasa por la salvación.

CAPÍTULO XIV

EL ARQUETIPO ANTIHEROICO BUFO EN TRAVIS Y EN CONKER

Ya me conoces, Marge: me gusta la cerveza fría,
la TV a todo volumen y que los gais revoloteen.
Homer J. Simpson (*Los Simpson*)

Existen muchos tipos de antihéroes, algunos son errantes y solita-
rios, como Wolverine, otros tienen trastornos y problemas de salud
mental como Senua, otros son vengativos como Max Payne y Kratos, pero también los hay que se caracterizan por ser cínicos, burlescos,
satíricos y pícaros. Personajes cuyo estilo de vida se basa en el hedonismo y el *carpe diem* y su máxima es dar rienda suelta a sus deseos,
adicciones y vicios más terrenales. A este tipo de personajes se les conoce como antihéroes bufos, en honor a las obras sátiras del teatro que se
denominan bufas y a las óperas de comedia italianas del siglo XVIII, cuyos
personajes son burlescos, paródicos e intentan hacer reír a los espectadores mediante conductas impropias y disonantes.

En la actualidad, se trata de personajes dionisíacos y socialmente
incorrectos que, normalmente, tienen una actitud poco ética, aunque no
demuestren grandes convicciones ni comenten acciones viles sino moralmente reprochables. El antihéroe bufo es una tipología de personaje
propia de las animaciones dirigidas a un público adulto, también conoci-
das como series de comedia gamberra. Estas series de animación para
adultos suelen estar protagonizadas por personajes zafios, viciosos, con
adicciones al alcohol y al consumo de sustancias adictivas. Normalmente
no son muy inteligentes ni cultos, demuestran poco respeto por las nor-
mas y menos aún por otras culturas e ideologías diferentes a las suyas.
Algunos son homófobos y machistas, otros racistas y otros demuestran

poco interés por las reglas sociales. Por lo general, estas series no hacen apología de este tipo de conductas, sino al contrario, abusan de los estereotipos e imaginarios colectivos para parodiar a las personas que sí se sienten identificadas con estos pensamientos.

Algunos de estos personajes son muy populares y forman parte de la cultura pop, como el ultraconservador Stan Smith de *American Dad!* (MacFarlane, 2005-2022), el alcohólico y pervertido Peter Griffin de *Family Guy* (MacFarlane, 1999-2020) o el cleptómano robot Bender «Doblador» Rodríguez de *Futurama* (Groening, 2009-2023). También podemos incluir en esta categoría al narcisista, promiscuo y adicto al alcohol Sterling Archer de *Archer* (Reed, 2009-2022), atributos que comparte con el caballo antropomórfico Bojack de *Bojack Horseman* (Bob-Waksberg, 2014-2020). Todos ellos son personajes que están directamente influenciados por Homer J. Simpson de *Los Simpson* (Groening, 1989-2022), por algunos personajes de la serie *South Park* (Parker y Stone, 1997-2022) y, anteriormente, por los protagonistas de *Beavis and Butt-Head* (Judge y Warbuton, 1993-1997). En términos genéricos, estos personajes forman parte del imaginario social que personifica el antihéroe de los seriales televisivos, sobre todo, de origen estadounidense.

También se encuentran claras reminiscencias e influencias en los orígenes literarios de los primeros antihéroes, como son los protagonistas de las novelas picarescas españolas *Don Quijote* de Cervantes y *Lazarillo de Tormes*, por citar algunas de las más reconocidas. Del mismo modo, no se puede desdeñar la gran influencia de la sátira francesa a través de autores como Denis Diderot, Vauquelin de La Fresnaye, Régnier y Berthelot, pues fueron pioneros en crear personajes inapropiados y anacrónicos a los estándares del heroísmo coetáneos a dichos autores.

En los videojuegos hay numerosos personajes que comparten algunos rasgos propios del bufo, pero este capítulo se centra principalmente en Travis Touchdown de la saga No More Heroes y en la ardilla Conker de *Conker's Bad Fur Day* (Rare Ware, 2001), título lanzado para Nintendo

64 y *Conker: Live & Reloaded* (Rare, 2005), publicado en la primera Xbox. Se han escogido estos dos personajes porque, además de ser los protagonistas de sus videojuegos, son los que mejor cumplen con esta tipología de antihéroe. Por otro lado, sus constantes influencias y parodias al cine y otros videojuegos, así como las diferentes interpretaciones y dobles sentidos sobre su argumento y subtexto, les añaden a ambos personajes ese punto de complejidad y riqueza narrativa que atrae a los jugadores y que expande su universo narrativo mediante las propias creaciones de contenido de los usuarios, incluso muchos años después de la publicación de los videojuegos.

Travis: entre la crítica social y el sinsentido

La gente me pregunta: «¿Cuál es el significado de matar si estás arriesgando tu propia vida?». No significa una mierda. Se trata de instinto, no de significado. Esa chispa se enciende en tu cerebro. Y esa dulce, dulce dopamina comienza a fluir.
Travis Touchdown (saga No More Heroes)

El caso de Travis recuerda irremediablemente a Deadpool, el mercenario bocazas de Marvel, aunque en ocasiones tiene reminiscencias del carácter estrambótico e irreverente de Ace Ventura, el extravagante detective de mascotas, interpretado por Jim Carrey. Por momentos, por sus tendencias escatológicas y la cosificación de las mujeres combinado con grandes dosis de violencia, parece un tributo a Duke Nukem. No obstante, Goichi Suda (Suda51), creador del personaje y uno de los creativos más reconocidos del sector, afirma que se inspiró poderosamente en Johnny Knoxville de *Jackass the Movie* (Tremaine, 2002) al crear a Travis. Del mismo modo, tanto la estética de la saga No More Heroes como algunas escenas concretas de acción recuerdan a obras como *Kill Bill: Volumen*

2 (Tarantino, 2004), concretamente en la manera que tiene Beatrix Kiddo (Uma Thurman) de despedazar a los 88 Maníacos mientras brotan fuentes interminables de sangre de sus cuerpos amputados; también «*Harry el sucio* o *El topo* fueron otras de las películas que le ayudaron a definir el estilo visual y el entorno que el juego nos presenta»[37].

La saga No More Heroes se caracteriza por la violencia y brutalidad extrema, y por reírse de todo y de sí misma. Entre sus peculiaridades, el personaje rompe la cuarta y la quinta pared y plantea una trama prácticamente nula o, al menos, es lo que Suda51 parece querer que el jugador piense. Su relato gira en torno a un tipo que se hace asesino de asesinos para ganar dinero y pagar así las deudas que ha cosechado comprando videojuegos y figuras del *manganime*. Pero no es exactamente así, Travis es más que un *otaku* construido en base a una sucesión de bromas de mal gusto, alusiones y parodias. Y su planteamiento, aunque roza el simplismo en cuanto a la mecánica, puede ser interpretado como una crítica satírica y cínica a la violencia gratuita a la que están sometidos los ciudadanos en los medios, en el cine y en los propios videojuegos. Aunque también puede interpretarse como un videojuego superficial, que solo busca hacer pasar un buen rato a los jugadores, sin complicaciones, con toques de humor y una jugabilidad noventera.

Hacia el final de la primera entrega: *No More Heroes* (Grasshopper Manufacture, 2007), lanzada para Wii, se descubre la terrible infancia de Travis y el brutal asesinato de sus padres cuando este aún era muy niño. Este hecho dota al personaje de un mayor trasfondo del sospechado antes y, de alguna forma, argumenta parte de los traumas y la disonante conducta, acercándose más al antiheroísmo que a la villanía. Paralelamente, Santa Destroy, la ciudad donde se desarrolla la historia es distópica y violenta, respondiendo a una sociedad donde se puede adquirir una

....

37   Candil, D. (22 de mayo de 2009). Las películas que inspiraron a *No More Heroes*. *Vida Extra*. https://www.vidaextra.com/accion/las-peliculas-que-inspiraron-a-no-more-heroes

catana láser mediante una subasta *online* y en la que teóricamente existe un grupo de asesinos que campan a sus anchas llamado Asociación de Asesinos Unidos. En este tipo de sociedad, el personaje de Travis encaja a la perfección, pues es un asesino que acaba con asesinos pero que, en principio, no mata inocentes. Finalmente, hacia el tercer acto de la trama, se descubre que todo el planteamiento narrativo era una farsa y, en realidad, nos han conducido a un arco de venganza. El jugador tiene la posibilidad de acabar con Jeane, la medio-hermana de Travis, que acabó con la vida de sus padres. ¿Serás capaz de matarla o le perdonarás la vida? ¿Qué haría un antihéroe y qué haría un héroe? D.E.P, Jeane.

La ardilla antropomórfica nihilista y su particular naranja mecánica

> *Conker's Bad Fur Day*, probablemente el juego de plataformas más bestia y políticamente incorrecto de la historia.
> Alberto Carmona (*ZonaRed*)

Si bien Conker, The Squirrel, apareció con anterioridad en otros videojuegos, es posible afirmar categóricamente que en *Conker's Bad Fur Day* (Rare Ware, 2001) se reinicia completamente este personaje. El título ofrece una versión diametralmente opuesta a la ardilla antropomorfa, infantil, llana y carente de personalidad que protagonizó *Conker's Pocket Tales* (Rareware, 1999), videojuego creado para Game Boy y Game Boy Color en el que dicho personaje tenía el único cometido de rescatar a Berri, su novia. El videojuego fue tildado de demasiado «infantil» y «cursi» según la web *Conker Fandom*. Incluso su jugabilidad se antoja algo anticuada para la época, ya que buscaba replicar el clásico juego plataformero en el que el protagonista debe resolver puzles y saltar correctamente plataformas para acabar salvando a la estereotipada damisela en apuros, algo que veinte años antes cierto personaje con gorra y bigote ya lo había hecho más y mejor... Las críticas empujaron a Rare a dar un giro de tuerca y transformó totalmente la esencia de Conker y su narrativa en *Conker's Bad Fur Day*. El videojuego, desarrollado para Nintendo 64, desplegó un tono más serio, gamberro, hilarante y fue clasificado como PEGI 18. Además, decidió incluir muchos *easter eggs* y escenas que parodian o rinden tributo a clásicos del cine como *Salvar al soldado Ryan* (Spielberg, 1998), *Drácula, de Bram Stoker* (Coppola, 1993) o *La naranja mecánica* (Kubrick, 1980), entre otras. Pero la desarrolladora, además, redefinió el diseño de sus personajes antropomórficos, empezando por Berry, con una versión totalmente sexualizada y ligera de ropa. También modificó al propio Conker, quien abandona su mirada bobalicona y algo aniñada, para esbozar una sonrisa pícara y una mirada desafiante y aguerrida.

Conker se aleja de ser un personaje dirigido al público infantil para protagonizar uno de los videojuegos más gamberros que se recuerdan, sobre todo en Nintendo 64, una videoconsola que tenía un catálogo variado y profundo, pero mayormente dirigido a todos los públicos. Para algunos medios, este cambio de rumbo de la compañía se debió a las críticas recibidas por el anterior juego. Otros pusieron el foco en la pérdida de interés de Nintendo, la distribuidora, en una secuela; mientras que otras fuentes apuntan a una madurez del equipo de desarrollo y una adaptación a las nuevas tendencias y gustos de los jugadores. Sea como fuere, lo que presenta *Conker's Bad Fur Day* no es un juego típico y tampoco es solo un juego escatológico, con alusiones al tabaco, alcohol y sexo combinadas con disonante verborrea y un estrambótico diseño donde se nos presentan personajes amorfos, con extrañas protuberancias o heces cantantes y danzantes. El videojuego de Rare resulta ser mucho más profundo y vital que todo eso, pero solo se comprueba si los jugadores son capaces de superar por completo la aventura pese a unas mecánicas jugables que han envejecido mal y a un manejo algo complejo, que se hace especialmente incómodo en las zonas acuáticas.

Como afirma el creador de contenido Pazos64 en su videoensayo *Cuando Conker perdió la sonrisa*[38], es una obra con un final trágico y dramático que termina destruyendo al personaje. De hecho, en la escena final que emula a la obra maestra de Kubrick, *La naranja mecánica*, la ardilla aprenderá que todo tiene consecuencias y, simbolizado en una corona que no desea, recibirá el fruto de sus erróneas y egoístas decisiones. Qué duda cabe que se trata de una etílica epopeya de veinticuatro horas de violencia física y verbal en la que se narran y, al unísono, se reproduce la caída al vacío existencial de este antihéroe bufo, el menos heroico de los antihéroes y seguramente el más pícaro, satírico y burlesco de todos cuantos se han enfundado un traje de píxeles y bytes hasta la fecha.

....

38   Pazos64 (12 de enero de 2021). Conker's Bad Fur Day: El día que Conker perdió su sonrisa. [Vídeo]. YouTube. https://www.youtube.com/watch?v=EVJ230MO2V4

CAPÍTULO XV

NIKO BELLIC
ES EL MENOR
DE LOS MALES EN GTA

Cuando llegó la guerra, hice cosas malas, pero después de la guerra no
pensé en hacer cosas malas. Maté gente, pasé contrabando, vendí gente.
Niko Bellic en *Grand Theft Auto IV* (Rockstar Games, 2008)

Si se realiza una búsqueda vídeo documental sobre antihéroes populares en el videojuego, se apreciará que algunos creadores de contenido clasifican a Trevor Philips, personaje canadiense de *GTA V*
(Rockstar Games, 2013) como un antihéroe. Una categorización muy inexacta. Aunque sea uno de los tres protagonistas de esta quinta entrega,
junto a Michael De Santa y Franklin Clinton, Trevor no tiene prácticamente
ningún rasgo antiheroico. Este delincuente no sigue el esquema y patrón
narrativo del antihéroe sino del villano de manual: sus fines son inmorales,
viles, crueles y encarna a la perfección el perfil de un psicópata, aunque
sea uno de los protagonistas de uno de los videojuegos más vendidos y
aclamados de la historia.

Un antihéroe no es un villano. Popularmente y, de forma errró-
nea, algunas personas suelen afirmar que un antihéroe es un villano
que protagoniza la obra, ya sea una película, serie o videojuego. Contrariamente, un antihéroe no se mide por su rango de protagonismo
en una obra, pudiendo ser el protagonista o, por el contrario, un secundario, como sucede, por ejemplo, con el archiconocido personaje
Vegeta en el manga y anime *Dragon Ball Z*, creado por Akira Toriyama.
Vegeta, el príncipe *saiyajin*, tras enfrentarse a Son Goku y que este le
perdonase la vida, lentamente se va transformando de villano y principal antagonista a ser un personaje secundario antiheroico que, finalmente, llega incluso a sacrificarse por salvar la vida de su hijo, mujer y

amigos. Por este y muchos otros ejemplos, es posible afirmar que la antiheroicidad no se mide por su ratio de protagonismo sino por los rasgos antiheroicos que posee.

En este sentido, Trevor es un psicópata, un perturbado capaz de acciones atroces como acosar sexualmente a un indigente, atropellar a una anciana o acribillar a inocentes cuando asalta un banco. Acaba con la vida de inocentes por diversión, por aburrimiento o porque no sabe hacer las cosas de otra manera. Es un auténtico maníaco homicida, desequilibrado emocionalmente, que asesina indiscriminadamente a cualquier persona sin que eso le provoque ningún remordimiento. Incluso, como se sugiere en algunos momentos de la trama, ha llegado a cometer canibalismo. Trevor es la encarnación de la maldad sin sentido, del caos por el caos y engloba en un único personaje todo aquello por lo que los videojuegos son tan criticados por algunos psicólogos y sociólogos y por un sector de la población y de los medios de comunicación. Por lo tanto, esta obra no puede considerar a Trevor Philips como un antihéroe, pese a que parte de la cultura pop así lo catalogue.

El personaje de la saga que sí puede enfundarse el traje de antihéroe es Niko Bellic, el protagonista de *Grand Theft Auto IV* (Rockstar Games, 2008), la novena entrega de la saga GTA. Asimismo, Bellic también aparece como personaje secundario en: *Grand Theft Auto IV: The Lost and Damned* (Rockstar Games, 2009) y *Grand Theft Auto: The Ballad of Gay Tony* (Rockstar Games, 2009).

Niko Bellic es un delincuente, ha matado a muchas personas en la guerra, ha vendido a refugiados siguiendo órdenes, sin embargo y, aunque parezca una incongruencia, no es un mal tipo. Su historia trágica y su tormento ayudan a que el jugador empatice con él, con su mala suerte y con todas las veces que le han traicionado. Niko es el claro reflejo de que no por haber participado en una guerra o ser víctima de las circunstancias y haber cometido actos inmorales, sea un monstruo sin remordimientos. Niko no disfruta matando y se arrepiente de sus actos, que estuvo obligado a hacer para seguir adelante. Por eso viaja a Liberty City, a la tierra de las oportunidades, creyendo que podría alcanzar el *sueño americano* que, según las cartas que le escribe su primo Roman, este está viviendo. Pero nada más lejos de la realidad. Niko comienza su nueva aventura huyendo de la guerra de Yugoslavia y del infierno de vivir en una tierra sin ley, para desembarcar en una ciudad que se aprovechará de él, de su código de honor y de sus habilidades para acabar con otros.

En Bellic se cruzan dos arcos narrativos muy intensos que contrastan entre sí: el arco de venganza y el arco de redención. Su sentimiento de venganza es constante, pues siente que tiene que encontrar a aquellos que le traicionaron en las tierras balcánicas y que ahora viven en Liberty City, pero constantemente encontrará a otros de quien deba vengarse porque han matado a sus amigos o porque han traicionado su confianza. No obstante, Bellic buscará redimirse de la culpa de tiempos pasados y esperar que la vida le dé una segunda oportunidad, para alejarse del crimen y dejar atrás los años de muerte y guerra. Sin embargo, aunque Bellic salga *victorioso* al final del título, siente que ha perdido demasiado por el camino y que, quizás, no haya valido la pena. Este hecho lo resume El Bandicoot en su canal de YouTube de la siguiente manera:

> Niko acaba el juego frente a la Estatua de la Felicidad, algo que Niko no pudo tener. Una estatua que, a la vez, es una parodia de la Estatua de la Libertad, otra cosa que Niko tampoco pudo tener. Desde que terminó la guerra siempre estuvo atrapado entre la violencia y la vida criminal. Desde que llegó a EE. UU., pasó a trabajar de un delincuente a otro y así hasta el final. Al final de *GTA IV* Niko no ha encontrado la redención, está hundido y sus manos están más manchadas de sangre que nunca.[39]

....

39   El Bandicoot. (7 de marzo de 2020). Niko Bellic: el personaje más profundo de Grand Theft Auto. [Vídeo]. YouTube. https://www.youtube.com/watch?v=qPl8HbSClec

Por consiguiente, es un claro ejemplo de personaje atrapado por su destino, víctima de las malas artes de otros y de la crudeza de su entorno. Niko se enroló en la guerra para defender su patria, su sentido del honor le movió a ello, mientras Roman, su primo, viajó a Liberty City y se mezcló con asuntos de la mafia. En la guerra fue traicionado por alguien de su pelotón en una acción que provocó la muerte de muchos de sus amigos y compañeros. Ese hecho, irremediablemente, forjó su carácter y su necesidad de venganza. Durante el conflicto bélico se vio lastrado a hacer cosas lamentables por sobrevivir o por seguir las órdenes de los que estaban al mando. Cuando por fin deja atrás ese infierno, viaja engañado a Liberty City, donde, de nuevo, se ve involucrado en negocios turbios y obligado a trabajar para la mafia. Niko es alguien que, aunque no se victimiza en ningún momento, esperaba salir de ese mundo de criminales, traiciones y corrupción. Finalmente, el antihéroe que porta consigo, se encargará de hacer justicia y se vengará uno a uno de todos aquellos que le hicieron sufrir, desatando una ola de violencia y muerte y limpiando Liberty City de gran parte de los males endémicos que le acechaban, aunque por el camino ha tenido que sacrificar mucho, quizás demasiado.

GTA IV, como suele suceder con las grandes entregas de Rockstar, supuso un salto de calidad en todos los aspectos respecto a las anteriores entregas. Niko Bellic no es Tony Montana (Scarface) ni un pandillero de San Andreas, ahora es un personaje con un pasado muy bien construido, que plantea muchos dilemas al jugador y cuya trama está repleta de giros argumentales (*plot twists*) que enriquecen la experiencia de juego, le añaden profundidad y hacen que sea mucho más que un simple juego de mundo abierto con mucha libertad. El antiheroísmo de Bellic se ajusta como un guante a esta trama y la ensalza con su tragedia y resiliencia hasta que resulta inevitable empatizar con él y su causa.

CAPÍTULO XVI

SHADOW Y WARIO, LOS *ALTER EGO* DE SONIC Y MARIO

> Cuanto más te acerques a la luz, mayor será tu sombra.
> Lema recurrente en la saga *Kingdom Hearts*

La primera *gran guerra* entre consolas la protagonizaron los usuarios de Sega Mega Drive y los de Súper Nintendo a principios de los noventa. Promovida por las campañas publicitarias de las propias compañías niponas, los dos personajes insignia, Sonic y Mario, se alzaron como los baluartes y principales exponentes de cada bando. Ambas compañías entendieron que los videojuegos de estos personajes debían poseer una consideración especial, por lo que pusieron a sus mejores desarrolladores a trabajar en cada entrega e invirtieron considerables sumas tanto en la producción como en las respectivas estrategias de *marketing*.

Durante muchos años, los juegos que protagonizaron Sonic y Mario fueron auténticos vendeconsolas y con cada nueva entrega se podían ver matices en estos personajes que impulsan tanto sus capacidades como su heroísmo, a la par que aparecían compañeros como Yoshi, Luigi y Tails que enriquecían el *lore* y las posibilidades jugables. Muchos recordarán aún la inesperada y sorprendente evolución de Sonic en un súper erizo amarillo en *Sonic the Hedgehog 2* (Sega Team, 1992), como claro tributo a la transformación en Super Saiyajin de Son Goku de la saga *Dragon Ball Z*, o la primera vez que Mario voló con su capa en *Super Mario World* (Nintendo EAD, 1990) o cuando lo hizo mediante su gorra en *Super Mario 64* (Nintendo Entertainment, 1996).

Aunque con cada entrega los personajes eran más virtuosos, poderosos, heroicos y tenían más habilidades y acompañantes, narrativamente seguían siendo demasiado lineales, como la mayoría de los héroes de décadas anteriores. A grandes rasgos, es posible afirmar que ni Sonic ni Mario tenían arcos evolutivos, ni dilemas morales, ni poseían sombras; siempre estuvieron, están y estarán en el lado de la luz, en el lado correcto de las cosas. Quizás por este motivo, Sega se atrevió con alguna incursión arriesgada, como sucede en *Sonic Unleashed* (Sonic Team, 2008), obra en la que, al caer la noche, el erizo azul se convierte en una especie de erizo-lobo al que llaman Werehog. La recepción de la crítica y los usuarios no fue la esperada, obteniendo notas que oscilaron entre el suspenso y el notable en la mayoría de los medios especializados (*IGN*, *GameSpot*, *Eurogamer*, *Game Informer*, etc.) y puntuando únicamente un 54/100 en la versión para PS3 y un 60/100 en la de Xbox 360 en *Metacritic* (2023). Los fans no quieren que cambien la personalidad y la estética de Mario y de Sonic, por lo que la mejor vía para crear otros productos a partir de la narrativa era mediante la aparición de otros personajes que tuvieran cierto parecido a los protagonistas, un poder y unas habilidades similares, pero que poseyeran ese lado oscuro y esas sombras que la luz de los héroes podía proyectar en ellos. Esos personajes fueron Wario y Shadow, los *alter ego* de Mario y Sonic, respectivamente.

Wario y sus ansias de riqueza

Aunque muchos usuarios recordarán a este gracioso y gordinflón personaje como principal antagonista del videojuego de Game Boy: *Super Mario Land 2: 6 Golden Coins* (Nintendo, 1992), considerarlo un villano, como sí lo es Bowser, parece excesivo. Wario no es un personaje que aspire a dominar al mundo ni a hacer daño a los demás. La única motivación de Wario es llenar sus bolsillos y acumular oro hasta ser el más rico del mundo champiñón. En Wario se encuentra uno de tantos ejemplos de personaje que inicia su andadura como villano y acaba siendo un personaje más neutral, engrosando el listado de antihéroes. Los propios desarrolladores de Nintendo se han pronunciado en este sentido, indicando que Wario ya no responde a su origen como archienemigo de Mario. Tanto es así que Nintendo decidió darle el protagonismo de lo que acabarían siendo dos sagas: Wario Land y WarioWare.

La primera saga se inicia con *Wario Land: Super Mario Land 3* (Nintendo, 1994), un videojuego que sigue la estela de los primeros videojuegos plataformeros de Mario, pero teniendo como protagonista a Wario y, en lugar de salvar una princesa, este tiene que acumular gran cantidad de oro para comprarse un castillo imponente y ser la envidia del reino y de Mario. A principios de siglo tiene comienzo la otra saga con *WarioWare, Inc.: Minigame Mania* (Nintendo R1&D1, 2003) para Game Boy, un videojuego de gestión. En este título, Wario tiene el objetivo de convertirse en todo un magnate de la industria del videojuego, por lo que funda la compañía desarrolladora de videojuegos Wario Ware, Inc. La propuesta del juego es muy simple, se trata de microjuegos a lo Mario Party, para un jugador, muy intuitivos y rápidos, que permiten que Wario vaya haciendo crecer su desarrolladora y, sobre todo, obtener ganancias.

Además de aparecer en las entregas de sus citadas dos sagas, su primera aparición como antagonista y principal jefe, también ha realizado cameos o aparecido como personaje jugable en muchas otras sagas como Mario Kart 64, Mario Party o Super Smash Bros. Todo ello ha ayudado considerablemente a que sea uno de los personajes más queridos de Nintendo y, concretamente, del universo narrativo transmedia de Súper Mario. En este sentido, es tan popular que, incluso, es reconocido por aquellos jugadores que no juegan en consolas de Nintendo. Sus llamativos colores y su carismático bigote en forma de zigzag le hacen reconocido alrededor del mundo.

No obstante, pese al cariño y el reconocimiento de la comunidad *gamer*, no es un antihéroe tan profundo como muchos otros. Su arco es prácticamente inexistente, su motivación apenas se aleja de la codicia y los conflictos morales y cuestionamientos a los que el personaje está expuesto brillan por su ausencia. ¿Wario es una crítica velada y paródica al capitalismo o una réplica materialista del mundo heroico y de princesas que ofrece Mario? Posiblemente, en realidad, su construcción narrativa es mucho más prosaica (como el propio Wario). Es un personaje que cayó de pie, que gustó en un contexto apropiado, que se popularizó rápido y que era rescatable como alternativa para seguir creando subtramas y nuevos productos derivados de Super Mario. Dicho esto, Wario siempre tendrá un lugar en el corazón entre los jugadores de Nintendo y, cada vez que vean a un personaje que combina lila y amarillo o come ajo indiscriminadamente, se acordarán de este bigotudo, barrigón, forzudo, avaricioso y materialista antihéroe.

Shadow, el otro erizo

> Yo soy la forma de vida suprema, Shadow the Hedgehog.
> ¡Yo aplastaré a cualquiera que se interponga en mi camino!
> Shadow the Hedgehog en *Sonic Battle* (Sonic Team, 2004)

Shadow es muy diferente a Wario. Ambos personajes no comparten ideologías, ni motivaciones, tampoco nacieron con el mismo propósito ni han evolucionado igual, por lo que no entran comparaciones válidas. En lo único en que sí son coincidentes es en su neutralidad. A Shadow le es indiferente enfrentarse al Dr. Eggman que al virtuoso equipo de Sonic, siempre y cuando ello le suponga un beneficio para su objetivo. La motivación de Shadow es buscar la razón a su existencia, entender su oscuro pasado y resolver muchos interrogantes que le atormentan, al fin y al cabo, es un personaje que se muestra muchas veces angustiado y contrariado. En este sentido, tal y como afirman en el canal WatchMojo (2022), Shadow es mucho más que una versión negra y con pistolas de Sonic. Es más que un «héroe oscuro» (Gil et al. 2016; Rico et al., 2019) o un héroe roto, se trata de un personaje impredecible, disruptivo e irascible.

Su primera aparición se remonta a hace más de dos décadas, concretamente en *Sonic Adventure 2* (Team Sonic, 2001) para Dreamcast. Desde entonces, ha aparecido como personaje jugable, extra, mención o cameo en 42 videojuegos. Para no ser un *primera espada* como Mario, Sonic, Kratos o Link, se ha convertido en uno de los personajes secundarios con más apariciones en toda la historia del videojuego, lo que habla muy bien de su versatilidad y del carisma y la popularidad que ha cosechado en tan poco tiempo. Shadow es tan rápido, ágil y poderoso como Sonic, al menos en la versión base del erizo azul. Su experiencia, su habilidad con las armas de fuego y su capacidad para ir un paso más allá que los héroes convencionales, le convierten en un rival temible al que pocos pueden vencer.

Se podría decir que Shadow ha pasado por cuatro etapas: una primera en la que fue creado por el Dr. Gerald Robotnik para curar las enfermedades de su nieta, María, aunque es capturado por ser considerado una gran amenaza para la humanidad. Una segunda etapa en la que el Dr. Eggman le libera, cincuenta años después de su cautiverio, para que le ayude a conquistar el mundo. Shadow es engañado y el personaje busca vengarse, pero sufre una oportuna amnesia. Respecto a la tercera, Shadow recupera su memoria, descubre la verdad y, finalmente, contribuye a salvar al mundo de los Black Arms, siendo su hazaña más heroica. Actualmente, es un personaje neutral, al que ya no pueden manipular y que ejerce sus reglas y se guía por su código moral, volviendo a la versión más antiheroica del personaje.

Sega no es la gigante de los años noventa que, junto a Nintendo, dominaba el panorama mundial del videojuego. Tampoco los videojuegos del universo narrativo transmedia de Sonic mantienen el sello de calidad y excelencia que tenían en el pasado, a excepción de honrosas excepciones. Este sello se ha visto deteriorado por algunos lanzamientos en la década anterior de dudosa calidad. Pese a todo ello, Sega está volviendo a revivir algunos éxitos del pasado y, particularmente, ha conseguido traer de vuelta al erizo azul y todo su universo, más desconocido para los que se iniciaron en este mundo ya en el siglo XXI. La popularidad del filme y el éxito de crítica y ventas de los últimos videojuegos como *Sonic Mania* (Pagoda West Games, 2017) o el reciente *Sonic Frontiers* (Sega Teams, 2022), que en su primer mes vendió 2,5 millones de copias, son síntomas inequívocos de que la franquicia aún tiene gran acogida y de que los jugadores quieren seguir viviendo experiencias inmersivas derivadas de las aventuras de Sonic, Tails, Knuckles, Shadow y compañía.

Sin lugar a duda, Shadow otorga ese plus de misticismo e insondabilidad narrativa gracias a su poliédrica personalidad y a unos rasgos muy antiheroicos que enriquecen el *sonicverse*. También contribuye enormemente a acercarnos esta narrativa a nuevos públicos que buscan una historia interesante en los títulos de aventuras y plataformas, más allá del placer de recolectar anillos, saltar mediante muelles y hacer carambolas esquivando pinchos y enemigos al ritmo de una maravillosa banda sonora.

CAPÍTULO XVII

LOS ANTIHÉROES DE MARVEL Y DC COMICS EN EL VIDEOJUEGO

La conciencia solo puede existir de una manera,
y es teniendo conciencia de que existe.
Jean Paul Sartre

En los últimos años, tanto en el Universo Cinematográfico de Marvel (UCM) como en el Universo Extendido de DC Comics (DCEU), se han representado en la gran pantalla y en series superhéroes con cierta tendencia a poseer rasgos más humanos, mostrando flaquezas, debilidades, ciertos trastornos o incluso dispuestos a cuestionar sus creencias y acciones pasadas. Este hecho responde potencialmente a una tendencia de los guionistas por construir personajes que logran empatizar más con los espectadores y ser más cercanos y terrenales. Un ejemplo de ello es el personaje de Thor en *Avengers: Endgame* (Russo y Russo, 2019), que se presenta alejado del dios virtuoso y todopoderoso de las entregas anteriores, para parecerse más a una especie de Homer J. Simpson que pasa sus días bebiendo cerveza y postrado en un sofá. Este hecho es una hipérbole que intenta reflejar el trauma que le causó matar a Thanos y que nos recuerda que un héroe no debe matar a nadie a sangre fría y desarmado. El otro universo, el de DC Comics, también ha mostrado una versión menos virtuosa y ejemplar del hombre murciélago en *The Batman* (Reeves, 2022). En este filme, el actor Robert Pattinson interpreta al personaje de Batman en una faceta más oscura, definiéndose a sí mismo como «la venganza» y dando rienda suelta a la violencia y brutalidad cuando se pone la máscara y el traje. Este Batman empieza a entender que sus actos tienen consecuencias y que la justicia no puede combatirse desde el odio y la venganza, aunque estos sentimientos sigan ocultos en lo más profundo de su ser.

Además de esa humanización y desvirtualización de los grandes superhéroes, recientemente emerge un claro interés por recuperar a todos los antihéroes de los cómics que, en general, son menos conocidos y convertirlos en protagonistas, buscando repetir el éxito en taquilla y crítica de las películas basadas en Wolverine, interpretado por Hugh Jackman, en Deadpool, interpretado por Ryan Reynolds o en Harley Quinn, interpretada por Margot Robbie. No obstante, ni *Morbius* (Espinosa, 2022) ni *Black Adam* (Collet-Serra, 2022) ni la serie de Disney+ *Moon Knight* (Slater, 2022) han conseguido el éxito esperado. Este hecho demuestra que no es suficiente el relato de un personaje antiheroico, actores populares como Jared Leto, Dwayne Johnson u Oscar Isaac y una gran inversión en CGI y posproducción; también es necesario crear una historia que enamore a los espectadores y un universo que esté perfectamente construido. Quizá esta fórmula sí despierte el interés de la comunidad, antes y despés del visionado, permitiendo que ese multiverso que lo vincula a otros personajes e historias tenga las características de profundidad y expansión que deben poseer las narrativas transmedia.

En todo caso, con mayor o menor éxito, el cine y el cómic se están retroalimentando con este resurgir por los antihéroes. Tanto es así, que tal y como se puede leer en el artículo «El mundo no soportará un nuevo superhéroe de cómic»[40], la sexta etapa de los cómics, correspondiente a los tiempos actuales, es considerada la edad de los antihéroes. Sin embargo, aunque ahora sea una tendencia, hace muchas décadas que Marvel empezó a construir personajes que no eran tan heroicos como los que la mayoría de las personas conocen. En este sentido, se considera a Namor, el Príncipe Submarino, como un antihéroe, aunque la interpretación sobre este personaje puede variar dependiendo del cómic que se analice. Este hecho se debe a que Namor ha sido presentado como superhéroe,

....

40   Freire, A. (27 de julio de 2022). El mundo no soportará un nuevo superhéroe de cómic. *El Periódico.* https://www.elperiodico.com/es/entre-todos/20220726/etapa-antiheroica-comic-superheroes-articulo-alfonso-freire-sanchez-14169494

como antihéroe vengador y, en ocasiones, como un personaje que podría equipararse a cualquier villano. Sea como fuere, la tendencia de los especialistas en cómics es etiquetarlo como antihéroe e, incluso, como el primer personaje antiheroico en protagonizar un cómic, ya que nació en 1930, en los inicios de Marvel. Se trata de un personaje que ha estado en el ostracismo muchas décadas y ahora ha sido rescatado para el filme *Black Panther: Wakanda Forever* (Coogler, 2022).

Lamentablemente, en lo que a videojuegos se refiere, Namor nunca ha protagonizado ninguno y su papel siempre ha sido relevado a planos muy secundarios: desde cameos, como en *Spider-Man* (Neversoft, 2000), pasando por personaje no jugable en *Marvel Ultimate Alliance* (Raven Software, 2006), a personaje secundario en *Captain America and The Avengers* (Data East, 1991) o como *boss* en *Fantastic Four* (Probe Entertainment, 1997). Sí es uno de los personajes jugables de *Marvel Strike Force* (Scopely, 2018), un videojuego para móviles donde comparte plantel con prácticamente todos los personajes de la Casa de las Ideas (Marvel) y en el que la narrativa de dicho antihéroe no se explora ni tiene relevancia para el desarrollo del juego. Es curioso que el considerado primer antihéroe del género superhéroes de cómic no posea un videojuego donde encarne el rol de protagonista o, al menos, desarrolle un papel relevante. Se trata, seguramente, de una de las grandes incoherencias, puesto que su historia es muy rica y llena de matices y en los más de noventa años de vida del personaje, ha evolucionado considerablemente. Por otro lado, el mundo acuático y todo el ecosistema creado en su pequeña galaxia narrativa dotan a este mutante de una peculiaridad y misterio del que pocos personajes pueden presumir.

Afortunadamente, existen otros antihéroes de Marvel que sí han protagonizado videojuegos como Ghost Rider, Wolverine, The Punisher, Venom y Deadpool. También se podría incluir en esta lista a Natasha Romanoff (Black Widow), si se cuenta su participación en *Marvel's Avengers* (Crystal Dynamic, 2020) como protagónica, a razón que la principal protagonista de la campaña es Kamala Khan (Ms Marvel). Con todo, el paso de estos personajes por los videojuegos ha tenido una suerte muy dispar cuando se han enfundado el traje de protagonista de un título.

El caso de Black Widow es, probablemente, el más desaprovechado por sus posibilidades narrativas. Más allá de su coprotagonismo en el citado juego basado en los Avengers, en el que se nos presenta a una vengadora totalmente heroica, la espía no ha protagonizado en solitario ningún videojuego. Este hecho ha privado a la industria de las muchas posibilidades jugables que ofrece Natasha como espía y luchadora. Se trata de una experta en artes marciales, combate táctico, dominio de cualquier arma blanca o de fuego, conocedora de técnicas letales, dotada de una mente fría y despiadada y, en suma, una de las mayores espías del mundo del cómic capaz de infiltrarse en las organizaciones más poderosas de este multiverso. El sector también se ha visto privado de uno de los personajes mejor construidos a nivel narrativo de Marvel, con un pasado muy complejo y enigmático, un fuerte cuestionamiento de las leyes y las instituciones, pero también de sus propias decisiones y un trasfondo narrativo digno de las aclamadas novelas de espías de autores *best sellers* como Tom Clancy o Daniel Silva.

La situación de Venom es menos enigmática, ya que el simbionte se ha pasado gran parte de su existencia siendo uno de los villanos más poderosos del *spiderverse* y, por tanto, ese rol ha pesado lo suficiente como para aparecer como enemigo en algunos de los videojuegos de Spider-Man como *The Amazing Spider-Man* (Paragon Software, 1990) o *Spider-Man The Video Game* (Sega, 1991), aunque en algunos títulos también es su compañero, concretamente en *Spider-Man & Venom: Maximum Carnage* (Acclaim Entertainment, 1994), en *Spider-Man & Venom: Separation Anxiety* (Acclaim Entertainment, 1995) y en *The Ultimate Spider-Man* (Beenox y Vicarious Visions, 2005). Si bien, su atractivo para los lectores y amantes de Marvel es tan extendido que siempre resulta un interesante reclamo incluirlo como personaje jugable en obras donde aparece un considerable elenco de personajes de Marvel como *Marvel vs. Capcom:*

Clash of Super Heroes (Capcom, 1998) o *Marvel Ultimate Alliance* (Raven Software, 2006). Sin embargo, en *Marvel's Midnight Suns* (Firaxis Games, 2022) vuelve a asumir el rol de villano, poseído o inducido por la entidad maligna Lilith. Quizás sea en esta generación de videoconsolas, gracias a las recientes películas de Venom interpretadas por Tom Hardy, cuando por fin los jugadores puedan enfundarse el traje del simbionte junto a Eddie Brooks y explorar toda su contradicción, brutalidad y pensamientos duales en una aventura digna de uno de los personajes más poderosos y ambivalentes de Marvel y, en general, del cómic.

En lo que se refiere a Frank Castle, conocido popularmente como The Punisher o El Castigador, este antihéroe sí ha sido mejor tratado por los videojuegos que los anteriores personajes. Sin contar cameos, apariciones como personaje secundario ni los juegos de personajes multitudinarios donde prácticamente es posible encontrar a todos los personajes de primera y segunda línea de Marvel, Punisher ha protagonizado tres videojuegos. El primer videojuego en apostar por el antihéroe vengativo y justiciero es *The Punisher* (Paragon Software, 1990), lanzado para PC. El título combina la acción cenital con la conducción en primera persona y el argumento es acompañar a Frank Castle en su búsqueda de venganza mientras vigila las calles. Aunque presentó un planteamiento original, pronto cayó en el olvido y, en la actualidad, es un título prácticamente desconocido.

Tres años más tarde, apareció en recreativas y en Sega Mega Drive *The Punisher* (Capcom, 1993), título del género *yo contra el barrio*[41] al más

....

41   También conocido como *beat 'em up*, es un género que se caracteriza por desplegar un plantel de personajes para enfrentarse cuerpo a cuerpo contra todo un ejército de enemigos en un *scroll* 2D. Se pusieron de moda a finales de los ochenta en los salones recreativos, ya que permitía jugar a dos jugadores simultáneamente y eran muy adictivos. Capcom, SNK, Acclaim y Sega, fueron las grandes desarrolladoras que apostaron intensamente por este género. Con la llegada del 3D a los videojuegos, este juego fue perdiendo fuelle, pasando a ser un subgénero poco popular y demandado. En la actualidad estamos viviendo un renacimiento del género gracias a los *remakes* y *reboots* de sagas tan emblemáticas de principios de la década de los noventa como Street of Rage, Battletoads o Teenage Mutant Ninja Turtles.

puro estilo *Final Fight* (Capcom, 1989) o *Streets of Rage* (Sega, 1991), en el que los jugadores pueden encarnar a Punisher y/o a Nick Fury con el objetivo de repartir justicia entre los delincuentes que están a las órdenes del popular villano Kingpin[42]. Aunque el título intentó presentar batalla a los grandes exponentes de dicho género, pasó sin pena ni gloria, probablemente porque el género estaba empezando a decaer y debido a que su nivel técnico no era excelente ni acorde a su época.

Finalmente, el tercer videojuego en el que El Castigador se enfunda el traje de protagonista, como en los dos anteriores casos, también recibe el nombre de *The Punisher* (Volition Inc., 2004). Se publicó originalmente para PS2, Xbox y PC y estaba impulsado por la película de nombre homónimo y aparecida ese mismo año en la que el actor Thomas Jane encarna a Frank Castle y John Travolta al estereotipado villano Howard Saint. Aunque el título quiso aprovechar el empuje del filme e incluso Thomas Jane pone voz al personaje, el videojuego demuestra tener entidad propia, con claras referencias estéticas y literarias a la versión de los cómics creada por Gerry Conway en los años setenta. Se trata de un *shooter* en tercera persona que, además de los *encantos* y *finuras* del personaje y su particular y popular arco de venganza, incorpora la original propuesta jugable de las torturas a los enemigos. Estas mecánicas de tortura tenían el objetivo de someter a interrogatorios a los enemigos y obtener así puntos para canjear por habilidades y/o coleccionables pero, sobre todo, para saciar la sed de venganza del personaje y del jugador. A diferencia de otros títulos basados en antihéroes, la obra de la desarrolladora Volition Inc. recibió críticas notables y, en general, tuvo una acogida aceptable entre los fans del género y del propio personaje. El guion de la obra recuerda inevitablemen-

....

42 Kingpin es un villano muy recurrente en las historias de Daredevil, Spider-Man, Elektra y The Punisher. Es un capo de la mafia, uno de los mayores delincuentes de Hell 's Kitchen y, además de ser un gran luchador cuerpo a cuerpo, posee un ejército de delincuentes y mercenarios implacables, como Bullseye, dispuestos a cumplir todos sus planes para dominar la ciudad.

te al del primer Max Payne. No obstante, presenta una menor complejidad tanto para el personaje como la trama, además de un *lore* peor construido y una ambientación menos lograda, sin los toques místicos, góticos y enigmáticos que sí presenta la aventura trágica del detective Max Payne.

Hasta la fecha, no hay más videojuegos que hayan apostado por este emblemático y querido personaje de Marvel como principal protagonista, aunque quizás la serie de Netflix pueda contribuir a que alguna desarrolladora se atreva a hacerlo. En muchas ocasiones, se necesita del éxito de una película o una serie para que esto suceda, como aconteció con el videojuego *Ghost Rider* (Climax Action, 2007). Este título apareció como continuidad a la historia planteada en la película *Ghost Rider: El motorista fantasma* (Johnson, 2007), en la que Nicolas Cage interpreta a uno de los antihéroes más icónicos y místicos de la historia de los cómics. Aunque la película recibió críticas muy negativas (2,8/5 en Sensacine o 4,8/10 en Filmaffinity), fue muy popular y cosechó una notable recaudación a efectos de taquilla. Esa popularidad y el indudable tirón del personaje, propició que, pocos meses después, Climax Action publicase en PS2 el, hasta la fecha, único videojuego protagonizado por Ghost Rider. Este título sí recibió una buena valoración por los medios especializados, sobre todo gracias a la combinación de muchas mecánicas jugables de los grandes éxitos de su época. Dentro del género del *hack and slash*, *Ghost Rider* (Climax Action, 2007) incorpora elementos de la saga God of War y de la saga Devil May Cry, además, sabe sacar gran partido al personaje, pese a las limitaciones técnicas de la época, consiguiendo un producto final que, sin ser una obra maestra, lucía vistoso y se sentía divertido y accesible. Por su parte, en el anteriormente citado *Marvel's Midnight Suns* (Firaxis Games, 2022), Ghost Rider es un personaje secundario jugable, pero, pese a que el videojuego profundiza considerablemente en la narrativa de todos los personajes, muestra una versión menos antiheroica que en los cómics o en el cine, dejando el rol de antihéroe en manos de Wolverine. Lamentablemente, Ghost Rider no ha tenido el respaldo de la industria del videojuego, pese a que tiene una gran comunidad de fans que lo respaldan y consumen todo aquello que forma parte de su universo. Es un personaje que, como The Punisher, también responde al arquetipo de antihéroe vengador, pero le añade la connotación de endemoniado con poderes místicos y estética roquera. Estos elementos le convierten en un ser singular y muy reconocible. Es posible que las esperadas nuevas apariciones del personaje en cine y series propicien que las desarrolladoras vuelvan a apostar por él y no siga apareciendo únicamente como personaje secundario, como tantos otros.

Todo lo contrario sucede con Deadpool. El conocido como Mercenario Bocazas, está de moda y es tendencia en el *fandom* y las redes sociales, como Pinterest o Instagram. Este éxito, en gran parte, se debe a las dos películas interpretadas por Ryan Reynolds: *Deadpool* (Miller, 2016) y *Deadpool 2* (Leitch, 2018), que han sido un éxito de crítica y público. Este irreverente personaje se ha convertido en un fenómeno de masas y su resurrección ha llegado en un momento idóneo, justo cuando el género de superhéroes empezaba a dar sus primeros síntomas de agotamiento. Por otro lado, el dinamismo, carisma y popularidad del personaje, le hacen estar presente en la mayoría de los videojuegos que presentan un gran elenco de personajes de Marvel como *Marvel vs Capcom 3: Fate of Two Worlds* (Capcom, 2011), *Marvel: Avengers Alliance* (Offbeat Creations, 2012) y en *Marvel: Contest of Champions* (Kabam, 2012).

Posiblemente no hay un personaje con más posibilidades jugables y narrativas que Deadpool, de nombre Wade Wilson, y no solo porque pueda romper la cuarta pared o porque no se tome en serio a sí mismo ni a otros personajes de Marvel, sino porque no responde a líneas temporales ni a códigos literarios. Deadpool, también conocido como Masacre, es un cúmulo de creatividad, saltos de guion, paradojas narrativas aceptadas e incongruencia por naturaleza. De ahí que el videojuego *Deadpool* (High Moon Studios y Mercenary Technology, 2013), lanzado originalmente para Xbox 360 y PS3 y relanzado posteriormente en PS4 y Xbox One, se antoje muy insuficiente. Esta obra capta a la perfección la personalidad del personaje y lo hizo, incluso, antes de las dos películas, no obstante, el desarrollo del videojuego es muy mecánico, demasiado lineal y repetitivo y, aunque en los primeros compases resulta un título original y divertido, pronto la fórmula deja de sorprender y se vuelve tediosa. Por otro lado, su personalidad se utiliza como gran baza para introducir el título en sus primeros compases, pero luego se torna una excusa para acribillar hordas y hordas de enemigos sin mucho recorrido argumental. Se espera que la próxima aparición cinematográfica del personaje, se acompañe con un relanzamiento de Deadpool en el sector del videojuego, una apuesta segura si se sigue la línea de calidad de algunos de los últimos títulos basados en las franquicias de Marvel.

El otro gran antihéroe en representación de Marvel es Lobezno, también conocido como Wolverine o Logan, su nombre de pila. Desde su creación en 1974 por los escritores Roy Thomas, John Romita y Len Wein, este mutante ha sido uno de los preferidos por los aficionados a los cómics. Se caracteriza por tener carácter irascible, por ser rebelde y mantener una conducta impropia de un héroe. Aunque llega a ser parte de los X-Men y de otras agrupaciones de mutantes, suele ser muy solitario y embarcarse en sus propias aventuras. El cine lo ha tratado mejor que los videojuegos, gracias, en gran parte, a la interpretación de un actor tan carismático como Hugh Jackman y una recreación en cine que ha sabido captar gran parte de la esencia del personaje. Su paso por los videojuegos es dispar. Si bien —como sucede con muchos otros personajes de Marvel— está presente en una treintena de videojuegos como secundario (jugable o no) o formando parte de un gran plantel de personajes, el único título que ha profundizado narrativamente en él es *X-Men Origins: Wolverine* (Raven Software, 2009). Este videojuego, inspirado por la película homónima, fue lanzado mediante diferentes *ports* para PS2, PS3, PSP, Xbox 360, DS, Wii y PC. Las versiones de portátiles y de PS2 recibieron críticas muy negativas por el limitado nivel técnico, mientras que las versiones de PS3 y Xbox 360 cosecharon críticas notables, destacando las voces originales de Hugh Jackman y el diseño de Logan. Aunque narrativamente el juego no aporta grandes novedades respecto al filme, logra captar la esencia del mutante y traspasar gran parte de su furia, rabia y sed de venganza a nuestros mandos. Como se suele decir popularmente, el videojuego *ha envejecido mal*, al contrario que Wolverine que apenas envejece. Sin embargo, en el año de su lanzamiento, 2009, significó una apuesta interesante y, aunque la jugabilidad era algo repetitiva, proponía interesantes mecánicas dentro de un juego de acción y aventuras. Anteriormente encontramos *Wolverine: Adamantium Rage* (Bits Studio, 1994), un juego de Super Nintendo y Mega Drive de acción y plataformas sin apenas narrativa. Un título de calidad media que no aporta nada a la expansión y profundidad del personaje. Por suerte para los fans del mutante de esqueleto de adamantium, Insomniac Games, los creadores de los últimos videojuegos de Spider-Man, están trabajando en un título protagonizado por Wolverine y, por los avances, todo invita a creer que abrirá la puerta a conocer y explicar más la personalidad de este personaje que reúne numerosos rasgos antiheroicos.

En lo que respecta a los antihéroes de DC Comics, la representación en la industria del videojuego es mucho menor que Marvel. Aunque muchos antihéroes aparecen como personajes jugables en *DC Universe Online* (Sony Online Entertainment, 2011), en *Injustice 2* (NetherRealm Studios, 2017) y en *Lego DC Super-Villains* (Traveller's Tales, 2018), prácticamente ninguno protagoniza un videojuego. Ni Spectre, ni Lobo, ni Deathstroke, ni Black Adam, ni The Comedian, ni Jonah Hex, ni Wild Dog poseen videojuego propio. Dicho esto, el listado de representantes de DC Comics en el videojuego se reduce a Rorschach, Red Hood, Constantine, Catwoman y algunos miembros del Escuadrón Suicida.

En el caso de Rorschach, personaje creado por Alan Moore, su representación en el sector se limita a *Watchmen: El fin está cerca* (Deadline Games, 2009), un videojuego lanzado en forma episódica y descargable digitalmente para PS3. Tras sus dos primeras entregas, también se lanzaría en formato físico. Se trata de una historia a modo precuela de la película *Watchmen* (Snyder, 2009). No tuvo una mala acogida por los usuarios, aunque el título no poseía grandes alardes técnicos ni narrativos. La mecánica se basa en desplegar un juego de acción de un jugador o cooperativo local, donde el objetivo es limpiar las calles con el vigilante, mientras se narran partes anteriores a los acontecimientos del filme de Snyder. La obra no plasma la totalidad de la personalidad de Rorschach, uno de los personajes más populares de la franquicia Watchmen. Un enmascarado que, aunque tiene una moral inquebrantable y unos principios muy firmes, presenta una obsesión enfermiza por la sexualidad de las personas, una conducta misógina y una constante justificación de ciertos abusos de la fuerza bajo su mirada escondida por una máscara y un conjunto de prejuicios antisociales.

El caso de Red Hood, encarnado por el violento e irascible Jason Todd, también tiene un único videojuego que lo representa: *Gotham Knights* (WB Games Montréal, 2022). Un título en el que convive con tres personajes más del Universo DC Comics: Nightwing, Batgirl y Robin. Aunque Red Hood, conocido también como Capucha Roja, posee diferentes versiones y reinicios en la historia de los cómics de la franquicia DC, los relatos posteriores a 2005 nos narran la historia de un personaje vengativo y poco heroico. Concretamente, ya no se refiere a ese villano recurrente o a los inicios del Joker, como escribió Alan Moore en *The Killing Joke*, sino a Jason Todd, quien ha vuelto de entre los muertos para vengarse. Sin embargo, el título de WB Games Montréal parece no ahondar demasiado en los aspectos más antiheroicos del personaje sino en su relación con el resto de los integrantes del equipo justiciero. Básicamente, su principal objetivo es sustituir la figura de Batman y mantener viva su obra y legado en favor de la justicia y la verdad.

Otro antihéroe es John Constantine, el principal protagonista de los cómics de Hellblazer, dentro de la línea editorial Vertigo, creados por Alan Moore y dibujados por Stephen Bissette. Constantine es un detective de las ciencias ocultas, los exorcismos y criaturas del abismo. En él hay muchas reminiscencias narrativas de las novelas de Allan Poe, aunque los autores reconocen que se inspiraron en la estética del cantante Sting. Constantine es un timador, un fumador empedernido y un personaje poco virtuoso, muy alejado de los heroísmos convencionales. Aunque con mucha menos presencia en videojuegos que Ghost Rider o Wolverine, por pertenecer a un *storyworld* alejado de la categoría de superhéroes, también debe cualquier atisbo de protagonismo en el sector al influjo del cine. El filme *Constantine* (Lawrence, 2005) interpretado por Keanu Reeves, fue la lanzadera del videojuego. La película muestra una versión más heroica del personaje y con una estética más gótica, parecida al personaje Neo de *The Matrix* (Wachowski y Wachowski, 1999), que a la descrita en los cómics. La película recibió críticas mayormente negativas, pese al gran plantel interpretativo, con Rachel Weisz, Peter Stormare, Tilda Swinton, entre otros actores y actrices reconocidos. Por su parte, el videojuego siguió la misma línea estética que la película, olvidándose por completo de los cómics y su universo. Se trata de un juego de acción y disparos en tercera persona que repetía las mecánicas que tanto éxito le habían comportado a *Max Payne* (Remedy Entertainment, 2001), pero siendo más mecánico y monótono y menos novedoso. Pronto se convertiría en un título más, fácilmente olvidado por los fans del personaje.

Hasta hoy, la última de los representantes del universo DC Comics en protagonizar un videojuego es Catwoman. Selina Kyle, Gatúbela o Catwoman ha sido el personaje femenino más popular de la historia de DC Comics y el universo extendido de DC hasta la irrupción de Harley Quinn en el cine. La mujer gata es una cleptómana que, hasta la década de los noventa, fue considerada como una de las grandes villanas de Batman. Sin embargo, las versiones cinematográficas y las últimas interpretaciones en el cómic la han representado como una antiheroína. Ahora, Selina es una especie de Robin Hood posmoderna, aunque con un código ético más brutal e inquisitivo que Batman, pues no duda en acabar con la vida de sus enemigos y desprecia la justicia por la corrupción que impera en Gotham. Como otros personajes de DC Comics que no llegan al nivel de protagonismo que Superman o Batman, no ha tenido una representación digna en el sector de los videojuegos, aunque sí ha aparecido en una cuarentena de títulos. Sus principales actuaciones han sido como secundaria en *Batman: Arkham City* (Rocksteady Studios y WB Games Montréal, 2011), villana en *Batman Returns* (Konami, 1992) o formando parte del elenco de personajes a escoger, como en *Injustice: Gods Among Us* (NetherRealm Studios, 2013) o *LEGO Batman 3: Más Allá de Gotham* (TT Games, 2013), entre otros.

El único videojuego que apuesta por Catwoman no lo hace por la versión de los cómics y el personaje de Selina Kyle, sino por la versión alternativa que propuso el filme *Catwoman* (Pitof, 2004), interpretado por Halle Berry. Bajo el nombre de *Catwoman: The Videogame* (EA Games, 2004), el título se publica para Xbox, GameCube, PS2, PC y GBA, bajo la premisa del género de acción tipo *hack and slash*. Tanto película como videojuego presentan al personaje de Patience Phillips, una diseñadora gráfica que, escapando de unos delincuentes, muere. Por suerte, un gato egipcio que pasaba por allí la resucitó. De nuevo entre los vivos, Patience se da cuenta de que el felino le ha transferido superpoderes, por lo que ahora decide combatir el mal con un traje de cuero ajustado y un látigo al estilo Indiana Jones. ¡Qué importante es la narrativa en una película y en un videojuego! Con esta psicodélica e incoherente historia, totalmente infiel a los cómics, la película fue considerada una aberración y casi acaba con la laureada carrera cinematográfica de Halle Berry. El videojuego, aunque mejora el filme, no obtuvo mejor suerte, siendo considerado uno de los peores videojuegos de la historia del universo DC, aunque no fue tan mediocre como *Aquaman: Battle for Atlantis* (TDK, 2003), *Batman: Dark Tomorrow* (Kemco, 2003) y el inefable *Superman 64* (Titus, 1999).

Después de repasar las principales incursiones de los antihéroes de Marvel y DC Comics en el sector del videojuego, es posible afirmar que estos personajes no han sido bien representados, al menos en lo que hace referencia a la narrativa y la exploración de sus historias y rasgos de personalidad. Tampoco podemos hablar positivamente del nivel de la mayoría de los títulos protagonizados por los antihéroes de ambas franquicias. Un hecho que contrasta con la gran calidad de algunos títulos que han protagonizado superhéroes como Batman, Spider Man o Spider Man Miles Morales. Solo es posible esperar que los próximos lanzamientos dedicados a Wolverine y al Suicide Squad, puedan cambiar esta tendencia y estar a la altura de personajes tan emblemáticos, carismáticos, poderosos y oscuros.

CAPÍTULO XVIII

LOS SIMULADORES INMERSIVOS O CUANDO EL JUGADOR DECIDE SER UN ANTIHÉROE

La guerra nunca cambia. Los romanos hicieron la guerra para reunir esclavos y riquezas. España construyó un imperio a partir de su codicia por el oro y el territorio. Hitler transformó a una Alemania herida en una superpotencia económica y militar. Pero la guerra nunca cambia.

Narrador en el prólogo de *Fallout 4* (Bethesda Game Studios, 2015)

Como narra el actor Ron Perlman en el prólogo de *Fallout 4* (Bethesda Game Studios, 2015), la guerra no cambia nunca y no lo hará, aunque cambien los actores, las reglas de juego o las excusas para iniciarla. Casi una década antes, su antecesor, *Fallout 3* (Bethesda Game Studios, 2008), demuestra a los jugadores que la guerra, aunque no cambie, depende de sus decisiones y no de un camino preestablecido. Los jugadores pueden elegir ser un diplomático pacificador, optar por ayudar a un bando o ser neutral y responder a sus propias necesidades, jugando a dos bandos a los que poder socavar desde dentro hacia afuera, como en *Yojimbo* (Kurosawa, 1961) o en *Por un puñado de dólares* (Leone, 1964).

Fallout 3 también sorprendió al sector del videojuego al dotar al jugador con la oportunidad de detonar una pequeña bomba atómica en el pueblo de Megatón. De la mano del protagonista, un trotamundos solitario y andrajoso que, *a priori*, estaba llamado a salvar el mundo o lo que quedaba de él, podía girar una palanca, pulsar un botón rojo y borrar del mapa a Megatón. Un pequeño pueblo que le había acogido, para el que ha realizado numerosas misiones y en el que viven una considerable cantidad de personajes no jugables (NPC). En efecto, el título permite a los jugadores detonar la bomba y seguir su camino, no detonarla y acabar con el Sr. Burke, personaje que ha pedido que Megatón vuele por los aires. También se pueden combinar las diferentes opciones. Sea cual sea el camino que se tome, la decisión será del jugador y su karma, que es el medidor de sus acciones morales, indicará si es más bondadoso, si es más neutral o si es la personificación del mal.

Este tipo de decisiones son las que caracterizan a los juegos conocidos como simuladores inmersivos (*immersive sim*). Títulos que proponen romper incluso las reglas que han preestablecido sus propios diseñadores, como sucede en *Baldur's Gate III* (Larian Studios, 2023), un título que permite que los jugadores puedan crear formas creativas e innumerables combinaciones para llevar a cabo una misión. Este hecho es posible gracias a la flexibilidad de las estructuras jugables y la poca limitación ética a la que los jugadores están sujetos en sus acciones.

Como afirma Andrew Ryan: «El hombre elige, el esclavo obedece»[43]. Esa capacidad de elegir es precisamente lo que determina a los *immersive sim*. Independientemente del género al que pueda pertenecer: RPG, estrategia, acción o combinación de varios géneros, la capacidad de elección permite a los jugadores ser los amos y amas de sus elecciones y, por tanto, elegir si quieren ser un héroe, un villano o un antihéroe.

Resulta complejo clasificar a los videojuegos dentro del tipo simulador inmersivo, ya que los géneros de los videojuegos son bastante ambiguos. Incluso en la actualidad existen propuestas que combinan diferentes géneros. Por ejemplo, juegos de mazos con mecánicas *roguelike* como *Slay the Spire* (Mega Crit Games, 2017), juegos de estrategia por turnos con mazos y toques de rol y exploración como *Marvel's Midnight Suns* (Firaxis Games, 2022) o de sigilo con elementos de simulador de inmersión como *Thief* (Eidos Montréal, 2014). Por este motivo, aunque clasificar los videojuegos puede simplificar algunos problemas, se considera que los simuladores inmersivos tienen más que ver con la filosofía del diseño jugable que con un género independiente:

....

43   Andrew Ryan, creador de Rapture en *Bioshock* (2K Games e Irrational Games, 2007).

> Los *immersive sim* no son un género, son una manera de desarrollar videojuegos, una filosofía de diseño. De esta forma, el videojuego no se concibe con una serie de pasos concretos que el jugador tiene que seguir para completarlo, sino que se le dan una serie de herramientas que él mismo utilizará como mejor le convenga para llegar hasta el final[44].

Estos videojuegos, normalmente, plantean empezar la aventura con un personaje en blanco, totalmente editable, en el que se pueden ir adhiriendo los actos moralmente virtuosos o, por el contrario, reprochables. Algunos *immersive sim* dan la posibilidad al jugador de escribir su propia historia como si el personaje fuese una *tabula rasa* aristotélica en la que forjar su personalidad al libre albedrío de los jugadores. En este sentido, obras como el premiado *The Elder Scrolls V: Skyrim*, aunque no alcanza un gran nivel de juego sistemático y no tiene todas las características de un simulador inmersivo de otros, permiten alcanzar los objetivos mediante cierta libertad y creatividad. Por ejemplo, es posible realizar actos heroicos mientras, por el camino, se cometen hurtos o asesinatos de algunos personajes que no son trascendentales en la trama. Ese hecho puede provocar que algunas misiones sean fallidas o que no acepten al personaje en algunos gremios, demostrando que muchas acciones tienen consecuencias. También tendremos varias opciones para resolver cada misión y alcanzar los diferentes objetivos. Otros, como *Dishonored* (Arkane Studios, 2012), *Deus Ex: Making Divided* (Eidos Montréal, 2016), *Prey* (Arkane Studios, 2017) o *Deathloop* (Arkane Studios, 2021), entre otros, plantean a un personaje predefinido, pero dotan al jugador de total libertad para conseguir sus objetivos. Es tal la propuesta jugable a modo *immersive sim* que algunos de ellos permiten finalizar la historia principal sin eliminar a ningún enemigo, sin ni

....

44   Over the Byte (8 de febrero de 2021). Los *immersive sims* y el juego sistémico. [Vídeo]. YouTube. https://www.youtube.com/watch?v=AqsR5IdXlpk

siquiera ser vistos o siendo una auténtica máquina de matar que acabe con la vida de todos ellos.

En estos videojuegos, la libertad y la interacción suelen ser el engranaje de las mecánicas jugables mientras que el jugador se convierte en el motor principal de la historia. Este tipo de diseño de videojuegos ha sido bautizado como *sobrecarga de opciones* por Warren Spector, el creador de la saga Deus Ex. Para dicho diseñador, el objetivo es recuperar la filosofía de los clásicos juegos de rol de mesa tipo *Dragones y mazmorras*, en el que los jugadores recreaban partidas, no seguían códigos establecidos y podían escribir su propia aventura.

Respecto a la afirmación de Spector, concretamente en lo que respecta a las diferentes entregas de la saga Dishonored, el jugador puede finalizar el videojuego sin ser visto y sin asesinar a nadie, siendo un personaje con cierta tendencia heroica. Contrariamente, puede convertirse en la encarnación del mal y sesgar a todo el que se cruce en su camino, incluidos inocentes, alineándose así con la villanía. Finalmente, es posible ser un antihéroe y asesinar únicamente a aquellos que considera que hay que ajusticiar radicalmente y dejar a otros vivir, aunque muchos de estos objetivos desearán estar muertos si se contemplan las macabras alternativas que plantean los de Arkane Studios. En este sentido, hay que recordar que, para la mayoría de los antihéroes, el fin justifica los medios.

Más allá de los simuladores inmersivos, existen otro tipo de videojuegos que, al igual que estos, no son considerados un género en sí mismos, sino una filosofía de juego por su diseño, por sus mecánicas y, sobre todo, por su dificultad: los *soulslike*. Como se ha dicho, no tienen relación con los *immersive sim*, pero sí plantean al jugador una decisión que cambia el sentido de toda la experiencia jugable: elegir qué tipo de final desea y, por tanto, qué tipo de personaje emergerá. Este hecho sucede en todos los videojuegos creados por From Software y Hidetaka Miyazaki que pueden considerarse dentro de esta subrama del género *action RPG*: *Demons Souls* (2009) y su *remake* (2020), la trilogía Dark Souls (2011-

2016), *Bloodborne* (2015), *Sekiro: Shadows Die Twice* (2019) y *Elden Ring* (2022). Aquellos jugadores y jugadoras que sean capaces de acabar con el jefe final tendrán a su disposición dos, tres o más finales y, aunque ninguno está exento de caos y muerte, algunas elecciones acercan a los jugadores a un camino más antiheroico, donde poder refugiar su alma oscura. Un pensamiento muy en línea de lo escrito por Adrián Suárez sobre estos videojuegos en el epílogo de *El padre de las almas oscuras: Hidetaka Miyazaki a través de su obra*: «Todos sus héroes viven y mueren por la búsqueda de la iluminación, de la sabiduría absoluta o del poder total. Todos ellos son almas oscuras que representan a su padre intentando hacer lo mismo[45]». Precisamente estas almas oscuras, en manos de los jugadores y las jugadoras, podrán elegir si estar más cerca de la luz o la oscuridad o seguir caminando entre ambos. Un sentido romántico del antiheroísmo en el que es posible escoger el camino solo al final y que, en ocasiones, es un nuevo comienzo.

....

45   Suárez, A. (2019). *El padre de las almas oscuras: Hidetaka Miyazaki a través de su obra.* Star-T Magazine Books, p. 401.

CAPÍTULO XIX

EL CREDO DE LOS ASESINOS

Actuamos entre las sombras para servir a la Luz. Somos asesinos.
Credo de los Asesinos, saga *Assassins Creed* (Ubisoft, 2007-actualidad).

Llegados a este punto de esta aventura literaria, es necesario preguntarse: ¿los personajes protagonistas de la saga Assassin's Creed son antihéroes, héroes o villanos? Son muchos aquellos que han arrojado a las sombras cualquier atisbo de integración social para sumirse en la oscuridad y abrazar desde ella el credo de la milenaria Hermandad de los Asesinos, también llamados *hashshashin*. Empero, siendo diferentes y habiéndose unido al credo por motivaciones propias y causas dispares, los paralelismos existentes permiten reflexiones y elucubraciones desde prismas tanto particulares como colectivos.

Representando diferentes épocas, culturas y momentos trascendentales de la historia de la humanidad, esta obra magna, hermana a sus asesinos bajo un arquetipo genérico. Este hecho, que responde a un primer análisis narrativo sobre la relación de la interactividad con el desarrollo jugable y audiovisual, del que posteriormente se desprenden matices y acepciones, permite definir este arquetipo de la siguiente manera: aquel encapuchado que opera en las sombras, acechando y matando a sus enemigos, sin piedad ni remordimientos. Un ejecutor que actúa al margen de la ley, por un código propio y que inicia su camino movido por la venganza.

Sin duda, esta propuesta enmarca a grandes rasgos el arquetipo de antihéroe justiciero, a su vez, el más repetido en la literatura, el cine y los videojuegos. Es el caso del asesino Ezio Auditore da Firenze (de Florencia), principal protagonista de *Assassin's Creed II, Assassin's Creed:*

Brotherhood y *Assassin's Creed: Revelations* (Ubisoft Montreal, 2009, 2010 y 2011). En efecto, Ezio emerge como asesino de las sombras para vengar la muerte de su padre y hermanos. La venganza es su motor y eso le lleva a abrazar la oscuridad, renunciar a su parcela social y a su amada. Ezio, además, es el más popular entre todos los personajes de la saga Assassin 's Creed, también es uno de los que más ha evolucionado y más gestas ha conseguido siguiendo el credo hasta sus últimas consecuencias.

No obstante, esta definición sería demasiado reduccionista respecto a un argumento que se ha expandido sobremanera en medio centenar de entregas de la saga, doce si solo consideramos las principales. Desde que el sirio Altaïr Ibn-La'Ahad inicia su camino en el primer *Assassin's Creed* en 2007 hasta Bayek, Cassandra o Eivor, los tres protagonistas canónicos de las últimas entregas, el arquetipo de asesino se ha reconfigurado y reescrito demasiadas veces como para no detenerse en algunos de los detalles individuales.

Por consiguiente, si se atraviesa esta primera capa de la historia y se observa más allá de la encrucijada secular del credo de los asesinos y su sangrienta lucha con los templarios, se arrojan nuevos planteamientos e interrogantes. Por tanto, también es necesario preguntarse: ¿es correcto asesinar de forma despiadada a personas que no comparten el mismo credo y ajusticiarlos con la hoja oculta de los asesinos? ¿Se puede considerar un antihéroe o un héroe a un personaje que comete actos viles y deleznables cegado o motivado por una causa que considera justa y loable? ¿Acaso eso no los convierte en antivillanos? De cada una de estas preguntas es posible obtener muchas respuestas, todas ellas pueden ser correctas o no, dependiendo del prisma y la interpretación. La saga Assassins nos posiciona en contra de los templarios, sus creencias y su ideología, considerándolos una de las fuerzas ocultas que quieren dominar el mundo desde lo paranormal y las malas artes:

El enfoque de los juegos trata sin duda de colocar a la Orden del Temple y a la Masonería dentro del contexto de la tradición de los misterios del ocultismo, comparando las enseñanzas, las alegorías y el simbolismo de cada organización y oficio con otros de corte parecido, pero pertenecientes al ámbito del esoterismo[46].

Frente a los Templarios se alza la Orden de los Asesinos, formada por personajes que se unieron a ella porque, en algún momento de sus vidas, tropezaron con un templario que le arrebató a un ser querido o les privó de su libertad. O quizás porque conocieron a un mentor que les aventuró a empezar un nuevo camino. De la misma forma, la trama argumental de cada entrega también polariza personajes históricos en un bando u otro: Karl Marx, Napoleón Bonaparte, George Washington, Sócrates o Nicolás Maquiavelo, como importantes aliados de los asesinos. Incluso el infame pirata Barbanegra es representado como un aliado trascendental en el desempeño de Edward Kenway, protagonista de *Assassin's Creed IV: Black Flag* (Ubisoft Montreal, 2013). También artistas y científicos como Leonardo da Vinci o Charles Darwin se han polarizado en la saga, aunque sean personajes reales que no han tenido relación directa o indirecta con los templarios, la Orden de los asesinos ni los Illuminati.

En este punto, resulta oportuno rescatar el planteamiento del artículo de opinión «El credo se ha extinguido»[47] en el cual el autor considera que Ubisoft Montreal ha dejado de apostar por la fórmula que dio origen y éxito a la saga para crear simuladores históricos que atraen al gran público mediante historias protagonizadas por personajes que no responden al arquetipo de los primeros *hashshashin*. En efecto, hay varios momentos en la saga Assassins que demuestran el cambio de rumbo drástico que

....

46   Cuartero, S. (2018). Mito y realidad en la saga de videojuegos Assassin's Creed. *Revista de Estudios Históricos de la Masonería Latinoamericana y Caribeña, 10*(2), p. 109. DOI: 10.15517/rehmlac.v10i2.35295
47   Prat, J. (2020). El credo se ha extinguido. *Revista GTM*, (54), 126-127.

afirma Prat. El cambio, no obstante, no se sitúa en *Assassin's Creed: Odyssey* (Ubisoft Montreal, 2018) sino anteriormente, en *Assassin's Creed IV: Black Flag* (Ubisoft Montreal, 2013). Esta obra se aleja de la concepción del personaje como un asesino oculto entre las sombras para apostar por un popular pirata que enfrenta a sus enemigos a mar abierto, atraca en islotes, rescata náufragos y busca tesoros. Aunque aún incorpora mecánicas de sigilo, la gestión del navío, su tripulación y recursos, como también las misiones en alta mar, florecen en detrimento de la filosofía de la hermandad de los asesinos y su originaria mecánica jugable. De alguna forma, ahí empezó el fin del espíritu de Altair y Ezio.

Sin embargo, en *Assassin's Creed: Origins* (Ubisoft Montreal, 2017) se rescata gran parte del espíritu de los asesinos, mediante Bayek, un personaje más individualista y reflexivo que Edward Kenway. En esta entrega también se recupera la tragedia y la venganza que hizo tan popular las primeras entregas y que es tan inherente a la motivación que vimos en Ezio Auditore. No obstante, el sistema de combate que propone este título, influido por el éxito de los juegos tipo *soulslike*, apuesta más por el combate contra *bosses* y la espectacularidad, como se puede apreciar en el enfrentamiento contra elefantes de guerra. Definitivamente, se abandona la esencia del sigilo y el asesinato desde las sombras de la fórmula original para relegar estos elementos a un segundo o tercer plano.

Con Cassandra y con Eivor la citada fórmula parece haber muerto definitivamente, así como el credo de los asesinos. Los protagonistas de *Assassin's Creed: Odyssey* (Ubisoft Montreal, 2018) y *Assassin's Creed: Valhalla* (Ubisoft Montreal, 2020), respectivamente, no responden al arquetipo de asesino. Son rudos, brutales, se enfrentan a los enemigos a campo abierto, en batallas multitudinarias y no evolucionan como asesinos sino como líderes. En cuanto a la gestión de su armamento y la equipación de asesino, se omite en favor de la gestión de campamentos o aldeas, como en el caso de Eivor. No solo Ubisoft ha dejado de respetar la propia fórmula que le dio el éxito a la saga, también ha moldeado la figura antiheroica de los primeros juegos, para diseñar guerreros bastos que usan cualquier tipo de arma como hachas, lanzas, escudos o arcos, antes que la hoja oculta. No son asesinos que actúan en solitario sino líderes que emprenden el asedio a aldeas o barcos. ¿Acaso un capitán pirata, un líder vikingo o una luchadora espartana son los mejores representantes del arquetipo asesino que se oculta entre sombras?

EL CREDO DE LOS ASESINOS. El mundo abierto y las influencias de otras sagas han alejado a los asesinos de la alargada sombra antiheroica de Altair y Ezio. Copyright: Ubisoft, 2014.

Un antihéroe o antiheroína no se mide por el armamento que usa, pero no inspiran a otros ni son líderes, son personajes desarraigados, normalmente despreciados por la sociedad, anárquicos, destrozados por su pasado, con fuertes sentimientos contradictorios y motivaciones egoístas, como la venganza. El credo de los asesinos se ha debilitado, se ha desnaturalizado, como también lo ha hecho el antiheroísmo de los asesinos que lo conforman. Recientemente, Ubisoft ha mostrado su intención de recuperar el espíritu que engrandeció a la saga con *Assassin 's Creed Mirage* (Ubisoft, 2023). ¿Es posible recuperar gran parte del antiheroísmo que caracterizó a Altair y Ezio o ya es demasiado tarde?

CAPÍTULO XX

BIGBY WOLF
Y LEE EVERETT,
LOS ANTIHÉROES
DE TELLTALE

El lobo se adentró en el bosque.
Él tenía un enorme apetito y en realidad no era de fiar.
Así que corrió hasta la casa de la abuela an-
tes de que Caperucita pudiera alcanzarlo.
Su plan era comerse a la abuela, a Caperucita Roja
y a todas las galletas recién horneadas.
Narrador de Caperucita Roja, cuento tradicional

LucasArts (actualmente LucasFilms), fue la primera desarrolladora insignia del género de aventuras gráficas. La desarrolladora esta-dounidense creó obras maestras del sector que lograron establecer los cimientos de las aventuras gráficas posteriores. Su éxito se debió a títulos como *Loom* (1990), *Indiana Jones and the Fate of Atlantis* (1992), *Maniac Mansion 2: Day of the Tentacle* (1992), *Sam & Max: Hit the Road* (1993), *Full Throttle* (1995), *Grim Fandango* (1998) y, especialmente, la saga Monkey Island (1990-2000). Durante más de diez años, mantuvo su dominio de dicho género en el panorama mundial, concretamente desde 1987 con *Maniac Mansion* hasta *Escape from Monkey Island* en el año 2000. Desde entonces, la desarrolladora se dedica especialmente a reali-zar y/o publicar videojuegos basados en el universo narrativo transmedia de Star Wars. Gracias a este cambio de rumbo, surgieron algunas obras maestras como *Star Wars: Caballeros de la Antigua República* (Bioware y LucasArts, 2003) o *Star Wars: Battlefront II* (Pandemic Studios, 2005), en-tre otras. Sin embargo, abandonaría en gran medida el género de las aven-turas gráficas, dejando un importante vacío en este nicho de la industria.

Más de una década después, Telltale Games, fundada por algu-nos de los extrabajadores de LucasArts, publicó aventuras gráficas con un estilo muy peculiar y característico. Sus títulos poseen una calidad narrativa sorprendente y añaden la capacidad para que el jugador pueda influir en la moralidad de un personaje y sus relaciones interpersonales con los personajes no jugables. En cada nueva entrega, episodio o temporada de cada saga, Telltale logra incluir pequeñas novedades jugables con el fin de mantener fresca la propuesta jugable y explotar su particular fórmula. Para muchos especialistas, Telltale supuso un soplo de aire fresco para la industria del videojuego, sobre todo en lo que a aventuras gráficas se refiere.

Gracias al éxito de las primeras temporadas de la saga The Walking Dead (2012-2018) y al excelente *The Wolf Among Us* (2013), Telltale empieza a ocupar un lugar entre las principales desarrolladoras que siguen apostando por la aventura gráfica. Dicho género había pasado de situarse en primera línea a principios de la década de los noventa a convertirse en un género de nicho, poco relevante para los *casual gamers* y para las nuevas generaciones que no han crecido con los clásicos citados anteriormente. El resto de los juegos de Telltale, como *Tales from Borderlands* (2014), *Game of Thrones* (2014), *Batman - The Telltale Series* (2016), *Marvel's Guardians of the Galaxy: The Telltale Series* (2017) y las nuevas temporadas de la saga de los muertos caminantes, la desarrolladora empieza a ser considerada la heredera espiritual de LucasArts. Tanto es así que las ventas de los primeros años les reportaron ingresos de más de 40 millones de dólares.

Sin embargo, el éxito de la desarrolladora duró pocos años. De ser un estudio *indie* que creaba un videojuego al año, en poco tiempo pasó a ser un estudio que desarrollaba cuatro o cinco videojuegos anuales para diferentes plataformas, incluidos iOS y Android. Ese incremento desmesurado de trabajo se tradujo en productos menos perfeccionados, repletos de *bugs* y una escasez creativa en cuanto a mecánicas. A diferencia de los primeros, los últimos títulos de Telltale dejaban detalles de esa falta de frescura y se sentían demasiado continuistas a los anteriores. Asimismo, la gestión inadecuada y el denominado *crunch* a los trabajadores, provocó una gran fuga de talentos y un constante movimiento interno de la plantilla. El exdiseñador del estudio, Andrew Langley, lo recuerda de la siguiente manera: «Pasamos de ser un estudio pequeño a uno gigante de más de 300 miembros. Caminabas por la oficina y ya no conocías a nadie»[48]. Curiosamente, la desarrolladora cuyos juegos trataban sobre tomar decisiones, no tomó las decisiones correctas para aprovechar las grandes ventas de las primeras entregas y el importante número de jugadores que se interesaron por sus aventuras interactivas.

Por todo ello, la compañía cierra sus puertas el 28 de agosto de 2019 y, lo que queda de ella, es comprado por LCG Entertainment, Inc., adquiriendo así sus licencias y con la intención de publicar la esperada secuela de *The Wolf Among Us* (2013), entre otras.

Aunque Telltale haya desaparecido y su éxito pueda considerarse fugaz, ha dejado personajes muy complejos e interesantes, narrativamente hablando. Precisamente, en el mencionado *The Wolf Among Us* (2013) y en la primera temporada de *The Walking Dead* (2012), aparecen los dos personajes más antiheroicos de la desarrolladora: Bigby Wolf y Lee Everett, respectivamente.

The Wolf Among Us es la traslación de las novelas gráficas *Fables* al videojuego. Unas novelas basadas en la subversión de los relatos tradicionales y populares que se traspasan de generación en generación. Esta subversión o cambio traslada su argumento e historia a un mundo distópico donde los personajes de los cuentos, llamados fábulas, viven en medio del caos, las drogas y la prostitución. Esta sociedad divide a humanos de las fábulas, quienes deben estar bajo la apariencia de un hechizo para mantener una forma antropomórfica que los mantenga a salvo y socialmente aceptados, aunque recluidos en su barrio: Villa Fábula. Las

....

48   Cultura VJ, 2018. La caída de TellTale Games | ¿Por qué fracasó el estudio? https://www.youtube.com/watch?v=nteSokdfomw

fábulas viven, por lo general, en una situación deplorable, no tienen trabajos dignos y recurren muchas veces a la prostitución o al contrabando para poder subsistir. Ante esa situación, afloran los rencores del pasado, heredados de los acontecimientos de los cuentos y todo ello hace que la situación sea más insostenible. En ese contexto, surge el personaje más odiado y temido por todos: el lobo feroz, ahora convertido en comisario de Villa Fábula, quien debe llevar la justicia y la seguridad a las calles:

> El protagonista de TWAU y Fables es un personaje que ha mutado de villano a antihéroe y que, a su vez, también se aleja de la figura del héroe clásico. El personaje se mueve por un fin ético que es aplicar la ley y salvar los que él juzga como inocentes; sin embargo, para ello aplica la violencia, la intimidación y la amenaza cuando le parece que es necesario[49].

Pese a que Bigby Wolf ya no es el lobo que asediaba a Caperucita Roja ni a los Tres Cerditos, el personaje sigue siendo odiado y temido por todas las fábulas. Presentando un arco de redención muy bien construido, el comisario busca aplicar la justicia y ayudar a los inocentes. No obstante, su carácter irascible y violento le hacen enfrentarse a situaciones desagradables en las que, constantemente, será juzgado por su pasado y sometido a una presión moral considerable. Bigby está desprovisto de las herramientas para aplicar ley y decide guiarse por un instinto y su experiencia, pero sus decisiones nunca serán bien vistas por todos. El motor narrativo del videojuego son los planteamientos morales a los que es sometido el protagonista, así como el difícil camino en el que será cuestionado por todos y por él mismo. Cabe decir que un personaje heroico, virtuoso e idealizado por el pueblo hubiera resultado un planteamiento narrativo equivocado e irreal.

....

49 Freire-Sánchez, A.; Gracia-Mercadé, C. y Vidal-Mestre, M. (2022). De villano a antihéroe: La adaptación de la figura del lobo en el videojuego *The Wolf Among Us*. En G. Paredes-Otero (Ed.), *Narrativas y usuarios de la sociedad transmedia* (pp. 30-31). Dykinson.

BIGBY WOLF Y LEE EVERETT, LOS ANTIHÉROES DE TELLTALE

Lo que plantea *The Wolf Among Us* es una reproducción de situaciones reales y de problemas existentes en la sociedad actual, como la desigualdad, el crimen, la crisis económica o el desempleo. Todos estos problemas provocan que los diferentes personajes vuelquen sus frustraciones, odio e impotencia en Bigby, como estandarte de la ley y por el lastre de su pasado. En este sentido, la obra de Telltale invita a empatizar con el personaje de una forma muy íntima, puesto que constantemente es tratado de manera injusta, a la par que demuestra al jugador que todas sus decisiones siempre desembocan en consecuencias negativas y positivas. Nada es totalmente bueno, justo y bondadoso. Aunque nuestro personaje tenga sanas intenciones, está determinado a emplear la fuerza bruta en la mayoría de los casos y demostrar que, aunque todos los personajes poseen ese *lobo* interior, el suyo es el que realmente asusta. Bigby, como muchos personajes antiheroicos, es *el menor de los males*, el único capaz de poner orden en el caos, mediante el propio caos.

Por su parte, *The Walking Dead season 1* presenta a Lee Everett, un protagonista más templado y sosegado que Bigby Wolf, aunque igualmente atormentado por un pasado muy oscuro y trágico. La trama nos introduce al personaje sentado en el asiento de atrás de un vehículo de policía. Ese hecho hace entrever que Lee ha cometido un delito recientemente, pero se desconoce de qué se le acusa y si es inocente o culpable. Paralelamente, en la radio del vehículo se escuchan las noticias sobre una serie de incidentes, cuando, de súbito, el vehículo sufre un accidente y se extravía de la carretera. Tras este breve preámbulo, comienza la aventura en medio de un apocalipsis de muertos caminantes, que es el nombre que reciben los zombis en el universo narrativo transmedia (cómics, serie, videojuegos y otros productos) de *The Walking Dead*.

A partir de este momento, el camino de Lee se cruza con el de Clementine, que en las siguientes temporadas será la gran protagonista y un personaje que evoluciona considerablemente. Pero en estos compases, Clementine aún es una niña muy pequeña e indefensa, que permanece en su hogar, escondida y a la espera de que sus padres vuelvan. Cuando Lee la encuentra, decide erigirse como protector de la pequeña, a sabiendas de que no hacerlo supondría una muerte más que segura para la niña. La relación entre ambos se torna cada vez más intensa y el rol de Lee empieza a evolucionar. De un ser extraño que se apiada de una niña, a una figura paterna circunstancial, que no solo la protege y cuida, también empieza a educarla y enseñarla. Juntos comienzan una aventura apoteósica en medio de una situación extrema de supervivencia y el peligro que suponen tanto los caminantes, como los animales salvajes y el resto de los supervivientes.

Sin embargo, cuando Lee empieza a enfrentarse a situaciones cada vez más complejas y entablar relaciones con otros supervivientes, comienza a ser cuestionada su relación pseudopaterna respecto a Clementine. Paralelamente, algunos acontecimientos revelan parte del pasado de Lee, de cómo asesinó al amante de su esposa o cómo descuidó a sus padres. La trama desvela al jugador, junto a Clementine, que Lee no es el héroe que parece, se esfuma la esperanza de que estuviera acusado de un crimen que no había cometido y demuestra que, tras su luz, se esconde una profunda oscuridad. Sin embargo, los jugadores ya han entablado un profundo vínculo con el personaje, ya han empatizado con él y con su causa y por ningún motivo quieren que la relación con Clementine se rompa. Lee no es perfecto, pero al jugador no le importa, está dispuesto a seguir con él hasta el final.

¿Cómo hubiera sido la trama del videojuego si, en lugar de Everett, el protagonista hubiera sido un personaje heroico y virtuoso al que no se le perciben costuras y cuyas decisiones siempre recayeran en efectos positivos para quienes le rodean? En cambio, el éxito de la serie de videojuegos recae, precisamente, en cómo las diferentes decisiones interactivas o conversacionales afectan a las múltiples relaciones interpersonales, llegando incluso a determinar qué personajes secundarios sobreviven y quiénes no. Aunque estas decisiones más trascendentales nos demuestran que, casi siempre, todos estos personajes acaban muriendo, así que en realidad el intervencionismo es menor en este sentido. Lo que sí cambia es la moralidad del personaje y cómo logra que se empatice con él y se cuestione al jugador constantemente qué habría hecho en su lugar. Sin duda, pocos videojuegos logran este grado de empatía frente a las consecuencias de optar por una u otra decisión ante las relaciones entre los personajes.

Bigby Wolf y Lee Everett, aunque sean muy diferentes, comparten los valores y rasgos que los convierten en antihéroes. También comparten la tragedia como motor central de los videojuegos que protagonizan, una característica propia de los videojuegos cinematográficos. De la misma forma, su resiliencia, su imperfección, su autocuestionamiento y conflicto interno, sus métodos *sui generis* y el desprecio que generan a los que están en alrededor, les aleja de cualquier héroe tradicional y sus atributos clásicos: fortaleza, sabiduría, templanza y virtud. Sin embargo, ambos están dispuestos a sacrificarse por una causa mayor, como la mayoría de los antihéroes del videojuego y de la cultura pop en general. Telltale se marchó y, aunque parece que volverá bajo otras manos y mentes, ha dejado grandes obras interactivas y conversacionales y algunos personajes que pasarán a la historia de los videojuegos, como los dos protagonistas de este capítulo. Otro de los personajes que ya ha pasado a los anales de la historia de los videojuegos, al igual que su creador, es Big Boss, de la saga Metal Gear Solid.

CAPÍTULO XXI

LA CONSTRUCCIÓN DE UN ANTIVILLANO A OJOS DE KOJIMA Y UEDA

No necesitamos un motivo para luchar. Luchamos porque somos necesarios. Seremos el arma de disuasión de los que no tienen otros medios.
Somos soldados sin fronteras, la era en la que vivimos define nuestro objetivo. Tendremos que vendernos y vender nuestros servicios. Seremos
lo que los tiempos pidan: revolucionarios, criminales, terroristas. Y sí,
probablemente vayamos de cabeza al infierno, pero ¿qué lugar es mejor
que este? Es nuestro único hogar. Nuestro paraíso y nuestro infierno.

Big Boss en *Metal Gear Solid* (Konami, 1998)

En 2006, en declaraciones a la revista oficial de PlayStation en EE. UU.,
Hideo Kojima se pronunció en contra de considerar obras de arte a
los videojuegos. Básicamente, para el creador de la saga Metal Gear
Solid, *Death Stranding* (Kojima Productions, 2019) o el malogrado proyecto *P.T* (2014), los videojuegos pueden contener pequeñas manifestaciones
artísticas, pero eso no los convierte en arte. Respecto a dichas manifestaciones, Kojima se refiere a la composición estética, la banda sonora o la
dirección de arte. No obstante, no considera arte al videojuego de forma
holística y menos aún a su concepción como producto comercial enfocado
a contentar y entretener al público. Para Kojima, una obra de arte se realiza
mediante la inspiración de un artista hacia una persona o hacia sí mismo y
sirve como medio de expresión y realización. Por el contrario, un videojuego
responde a una demanda y a un modelo de negocio enfocado a una gran
masa de consumidores y bajo unos mecanismos productivos más mecáni-
cos que artesanales que, en suma, buscan incentivar su compra.

Aunque el planteamiento de Kojima no está exento de fundamen-
tos y argumentos irrefutables, se hace difícil no concebir algunos videojuegos, sus historias, sus bandas sonoras, su narrativa e incluso algunas

escenas como auténticas obras de arte, más allá de simples manifesta-
ciones artísticas. Escenas como el descubrimiento de las jirafas en *The
Last of Us* (Naughty Dog, 2013), la primera vez que llegamos a Rapture en
Bioshock (2K Games, 2007), el encuentro con el primer coloso en *Shadow
of the Colossus* (Team ICO, 2005), entrar en Shambhala en *Uncharted 2:
Among Thieves* (Naughty Dog, 2009) o el abordaje del Scarab en *Halo 2*
(Bungie Studios, 2004), son algunos ejemplos de momentos que pueden
considerarse arte en estado puro. Su belleza, su perfecto sincronismo entre lo audiovisual y lo narrativo, las sensaciones de sorpresa y admiración
que evocan a los jugadores y su experiencia jugable que perdura durante
el paso del tiempo, son síntomas de que se trata de algo más profundo
que el profano hecho de crear un producto para fomentar su venta.

La propia narrativa de la saga Metal Gear Solid, creada por Kojima y su equipo, es en sí una obra de arte. Es un artificio literario de idas
y venidas entre ficción y eventos históricos reales, de cambios de guion
inesperados, de intrincadas subtramas con multitud de nombres en clave,
de complejos saltos temporales entre cada entrega y, por encima de todo,
de memorables y nada estereotipados personajes. De todos ellos, Naked
Snake, también conocido como Big Boss es, potencialmente, el personaje
más cambiante de la saga y uno de los más interesantes. El mundo *gamer*
se refiere a él como Big Boss, aunque ha recibido otros alias, apodos o
nombres en clave a lo largo de su recorrido en la industria tales como
Snake, Naked Snake, Vic Boss, Jack, Ishmahel, *hombre de un solo ojo* o
Saladino, principalmente. Aunque lo que muchos desconocen es que su
verdadero nombre es John Doe. Desde sus inicios, se encuentran más
interrogantes que respuestas acerca de la vida personal de este personaje, pero lo que parece seguro es que nace en 1935 en Estados Unidos
y muere en 2014, junto a la tumba de The Boss, a la edad de 79 años a
causa del virus FOXDIE.

Para muchos, Big Boss deba ser considerado seguramente un héroe por su rol en la trama en algunas entregas como *Metal Gear Solid 3:*

Snake Eater (Konami Computer Entertainment Japan, 2004), *Metal Gear Solid: Portable Ops* (Kojima Productions, 2014), *Metal Gear Solid: Peace Walker* (Kojima Productions, 2006) o *Metal Gear Solid V: Ground Zeroes* (Kojima Productions, 2014). Sin embargo, para otros debe ser tratado como un villano; no en vano, fue diseñado como principal antagonista de la primera entrega de la saga. No obstante, el considerado *mejor soldado del siglo xx* según el *lore* de Metal Gear, es un mal menor si lo comparamos con Liquid Ocelot o con Zero. A diferencia de los típicos villanos de este género y de la saga en particular, este carismático personaje no busca dominar el mundo o establecer un nuevo orden mundial, sino luchar contra aquellos que, entre bambalinas, le han utilizado como si fuera un vulgar títere.

En parte gracias al entrenamiento recibido de su mentora, la legendaria The Boss, considerada una soldado experimentada y con altas capacidades para el espionaje y todo tipo de combate, es posible afirmar que Big Boss es el soldado más capacitado de la saga. Incluso en algunos compases de su vida, es superior a los clones que surgieron de su ADN a partir del experimento Les Enfants Terribles: Liquid Snake, Solidus Snake y Solid Snake, siendo este último el otro gran protagonista de la saga. Big Boss es ducho en el combate a corta distancia, es maestro en el uso de todo tipo de armas y tiene conocimientos avanzados de alpinismo y submarinismo. También ha sido entrenado para resistir el dolor y es considerado el mejor experto en sigilo e infiltración de su época. Su personalidad se caracteriza por un código de honor férreo y su enorme resiliencia, aunque también por su constante tormento por la supuesta traición de su mentora y el posterior descubrimiento de la verdad. De hecho, la traición y el cambio de bando serán constantes en la historia de uno de los protagonistas/antagonistas más enigmáticos de la industria.

Big Boss ha cometido actos deplorables, pero también ha realizado hazañas dignas de un héroe. En este sentido, en *Metal Gear Solid V: Ground Zeroes* (Kojima Productions, 2014) es presentado como un exhéroe. Sin embargo, un análisis global de los principales arcos argumentales del personaje y su evolución dentro de la saga, encamina a concebirlo mayormente como un antivillano.

Los antivillanos son, en esencia, personajes diametralmente opuestos a los antihéroes. Si el antihéroe es la versión más oscura, deshonrosa y atroz del héroe, el antivillano es la versión más noble y honorable del villano. El antivillano no suele disfrutar de la violencia o el dolor, pero no dudará en hacer lo que haga falta por conseguir su objetivo. Como afirma Go! El Monitor Geek, se trata de «un personaje que puede tener cualidades heroicas, metas que son nobles e, incluso, virtudes»[50]. No obstante, aunque potencialmente tiene una motivación loable, sus objetivos no son los correctos, puede actuar cegado por una ideología o estar errado en sus pensamientos. Incluso hay personajes que pueden empezar su camino como antivillanos y acabar convertidos en villanos, como sucede con el personaje Light Yagami del *manganime Death Note* (Ōba, 2003-2006). Light es un adolescente que encuentra un cuaderno místico con el poder de matar a la persona cuyo nombre se escriba en él. En un principio, Light usa el cuaderno para defender a inocentes y acabar con la vida de asesinos, violadores o delincuentes muy peligrosos. Sin embargo, pronto perderá el control sobre este poder y su objetivo pasará a ser más ambicioso y egoísta. Light acabara considerándose a sí mismo como un dios que debe imponer un nuevo orden mundial donde no exista ningún tipo de delincuencia y donde todos estén bajo su obsesivo control. Para ello, comienza a matar indiscriminadamente a policías, detectives o incluso a civiles que puedan suponer un impedimento entre él y su objetivo. De esta forma, Light trasciende de ser un antivillano a convertirse en un villano sin escrúpulos ni remordimientos, alguien que cree estar por encima de la ley y la sociedad, alguien que impone su poder y voluntad a los demás.

....

50   Go! El Monitor Geek (12 de noviembre de 2021). ¿Qué es un antivillano? (Y sus 4 tipos). [Vídeo]. YouTube. https://www.youtube.com/watch?v=KuJ-SdhV5Zg

Otro ejemplo más reciente de antivillano, aunque más coherente con sus pensamientos, es Thanos, concretamente la versión del personaje representado en el Universo Cinematográfico de Marvel (UCM) e interpretado por Josh Brolin. Esta versión de Thanos tiene el loable objetivo de asegurar la existencia de la vida en el universo. Sin embargo, detrás de ese noble fin, se esconden unos métodos radicales que Thanos considera necesarios: acabar con la existencia de la mitad de la población del universo. A diferencia de Light Yagami, Thanos no disfruta sesgando vidas, ni siquiera la de sus enemigos; tampoco se cree un dios, simplemente el único con la voluntad y la fuerza suficientes para hacer lo que es debido. Para este antivillano, el fin justifica los medios, aunque le genere un gran dolor. El antagonista de los superhéroes que forman el equipo de Los Vengadores quiere evitar la escasez de recursos y la sobreexplotación que, según el Titán Loco, causará el fin de toda vida en el universo. Una vez que, gracias a las Gemas del Infinito, Thanos consigue su objetivo con una mezcla de satisfacción por alcanzar la meta y gran pesar por las muertes ocasionadas, se retira a vivir como un ermitaño, desprovisto de cualquier lujo y riqueza. Una clara demostración de lo que significa ser un antivillano de principio a fin.

En el sector de los videojuegos, es posible considerar como antivillano, pese a ser el protagonista del título, a Wander, el supuesto héroe de *Shadow of the Colossus* (Team Ico, 2005). En la magistral obra de Fumito Ueda, *a priori*, se narra la historia del amor roto entre el joven Wander y su bella amada Mono. Wander intenta devolver a la vida a Mono, sacrificada en circunstancias que en principio se desconocen. Para ello, el protagonista debe aniquilar a una serie de ancestrales colosos que habitan desde eones en distintas localizaciones prohibidas del reino. Sin embargo, de forma sutil y progresiva, la obra advierte al jugador que acabar con la vida de estos majestuosos y pacíficos seres traerá consecuencias negativas, pues ellos son los guardianes que mantienen cautivo a Dormin, la entidad mágica y maldita que ha prometido devolver la vida a Mono. Por su parte,

Wander no duda en sacrificar uno a uno cada coloso, mientras su piel se va tornando más oscura y su tez más endemoniada, pues se está encaminando irremediablemente hacia el abismo. ¿Dónde está la heroicidad en el viaje de Wander? ¿La salvación de su amada justifica todos y cada uno de los actos atroces que comete egoístamente? ¿Está justificado matar a estas criaturas mitológicas que han perseverado la paz durante miles de años para salvar la vida de su amada? Para Wander, sí. Por ello debe considerarse como un antivillano, puesto que se mueve por el amor que siente por Mono y que le lleva a hacer todo cuanto sea necesario por devolverle la vida. Ese objetivo le lleva a eliminar a criaturas fantásticas y pacíficas, a liberar a un demonio y a condenar su propia alma. Wander no es un villano, él no disfruta matando a estas criaturas colosales y ancestrales, está cegado por el amor puro e inconmensurable que siente por su amada Mono. Tampoco es un héroe, aniquila a los sagrados colosos que mantienen la paz y a la entidad encerrada en el santuario. Por consiguiente, lo más apropiado para Wander es el concepto de antivillano.

Volviendo, por tanto, a Big Boss, es posible afirmar que en él conviven los cuatro tipos de personaje: héroe, villano, antihéroe y antivillano. Ha cometido heroicidades y villanías a partes iguales, ha disfrutado combatiendo y matando, pero también ha matado en contra de su voluntad por ideales equivocados. Tiene el código de honor de los héroes y la capacidad del sacrificio que tienen los héroes y algunos antihéroes, posee trastornos mentales como muchos antihéroes y muchos villanos representados en el cine y las series. Finalmente, harto de traiciones y asqueado por la naturaleza humana, decide combatir a Los Patriots, organización que quiere dominar el mundo, pero para ello se convierte en un tirano. Se convierte en el tipo de ser que más odia para poder vencer a todos sus enemigos.

Posiblemente, los personajes de Wander y Big Boss merecen esta consideración particular. Wander es un personaje del que apenas conocemos su pasado; si el jugador no presta atención a los detalles y a las advertencias del chamán Lord Emon, creerá que nuestro protagonista hace el bien y justificará la aniquilación de los supuestos monstruos a lomos de su caballo Agro. Pocos videojuegos son capaces de engañar así al jugador, a la par que nos introduce en un juego de fantasía que mezcla acción y aventura con toques del género plataformas mientras asombra en cada una de las épicas batallas contra los colosos. La obra magna de Fumito Ueda, *Shadow of the Colossus*, es una auténtica obra de arte, aunque los videojuegos no sean considerados arte por un sector de la población y los medios de comunicación.

Por su parte, Big Boss es un personaje que levanta pasiones, uno de los más controvertidos tanto de la saga como de la industria. Como se puede leer en los foros del *fandom* o en los medios especializados, no hay un criterio general sobre la consideración de este personaje. Hay disonancia sobre si se trata de un héroe atormentado, un antihéroe convertido a villano o un antivillano que comete atrocidades por un ideal equivocado. En todo caso, es lo que hace grande a este personaje, posiblemente el más rico narrativamente hablando de todos los que han salido de la mente Kojima, con permiso de Solid Snake.

CAPÍTULO XXII

LOS DOS ANTIHÉROES QUE SE ESCONDEN EN KRATOS

> Si todo el Olimpo quiere negarme mi venganza,
> entonces, todo el Olimpo morirá.
> Kratos en *God of War III* (SCE Santa Monica Studio, 2018)

El videojuego *God of War* (SCE Santa Monica Studio, 2018) supone un reinicio del personaje Kratos, uno de los personajes más populares de las últimas décadas del videojuego. El título también impulsa la semilla narrativa de este libro, puesto que consigue aportar un trasfondo narrativo a uno de los personajes más sanguinarios y devastadores de la industria del videojuego que introduce nuevas perspectivas en el campo de estudio. Añade al arco de venganza un arco de redención, así como valores humanos a los antivalores del primer Kratos. De esta forma, se introducen sentimientos como la nostalgia, el arrepentimiento o el paternalismo. Por primera vez, se refleja un personaje que no culpa únicamente a otros de toda la negatividad, muerte y miseria que le ha rodeado y aún le acecha. Se manifiestan nuevos sentimientos y reacciones en el espartano que van más allá de la ira, la rabia, el odio desmedido y las ansias de venganza de la primera etapa.

Kratos es el antihéroe por excelencia, el que mejor encarna todos los rasgos y atributos antiheroicos desde su primera entrega en el año 2005 hasta la última: *God of War: Ragnarok* (SCE Santa Monica Studio, 2022). Pero, para ser justos con su comunidad de fans y con el propio personaje, su personalidad debe analizarse en dos partes muy diferenciadas. La primera parte de la saga que engloba al Kratos de Esparta y Atenas que aniquila a los dioses del Olimpo. Mientras que la segunda parte se encuadra en la mitología nórdica con un Kratos más envejecido, sosegado, humano y sabio, aunque con la misma capacidad de destrucción. No obstante, no es posible entender la evolución del segundo Kratos sin conocer sus orígenes y los motivos de su exilio voluntario. De la misma forma, resulta complejo entender su tormento, sus contradicciones y la alargada oscuridad de sus sombras sin haber vivido el sacrificio de su primera familia, la pérdida de su hermano o el caos que desató en la Grecia de Zeus. Por ende, aunque se distingan ambas etapas en la construcción del personaje, este debe ser tratado conjuntamente, formando ambas etapas de un todo, de forma holística, pues parafraseando al científico Blaise Pascal, *el todo es más que la suma de las partes.*

El primer Kratos, el más villano de los antihéroes

Cuando el primer God of War irrumpió en el mercado de videojuegos, lo hizo de manera titánica: los medios calificaron al videojuego como excelente y los jugadores respondieron tal y como sus creadores esperaban. Y es que poder dominar a uno de los seres más poderosos, brutales, destructivos y expeditivos jamás creados, daría rienda suelta a la acción más desenfrenada de un *hack and slash* revolucionario. El título apareció en PS2 y llevó a la consola al límite técnicamente hablando, gracias a unos gráficos muy por encima de la media, unas mecánicas jugables que aunaban lo mejor del género y un alarde artístico pocas veces visto anteriormente. El título despliega simbióticamente enemigos titánicos, un universo mitológico muy elaborado y un relato tremendamente original que consigue conectar todos sus niveles y personajes de forma magistral. Pero, pese a todas las maravillas audiovisuales, jugables y narrativas que presentaba la obra de Santa Monica Studio, lo que realmente quedó grabado en la retina de quienes vivieron esta épica y trágica historia, fue el personaje protagonista: un espartano despiadado y brutal. Para quienes desconozcan el personaje, se propone revivir una escena muy gráfica en la que Kratos se encuentra con el dios Hermes.

Cuando el dios Hermes ve a Kratos sosteniendo en su mano la cabeza amputada de Helios, en lugar de huir despavorido, tiene la ocurrencia de acercarse al otrora comandante espartano mientras se jacta de su superioridad. Hermes, conocido como el mensajero del Olimpo, se siente en situación de ventaja gracias a poseer una velocidad inigualable que le otorgan sus botas aladas. Decide impulsarse hacia la estatua de Atenea y, desde allí, burlarse de él: «¿Qué se supone que vas a hacer hoy? ¿Vas a matar a alguien más de tu familia? Oh, eso es. Vas a matar a tu padre, a Zeus, ¡ja, ja! No va a pasar. No puede pasar. ¡Kratos persigue un imposible de nuevo!»[51].

Pero Kratos, más astuto y experimentado en combate, utiliza una catapulta para arrojar una gran roca contra la imponente estatua de Atenea, que se derrumba hiriendo a Hermes. Previamente, Kratos ya ha desatado el caos al segar la vida de otros dioses del Olimpo, así que esta vez seguramente será más benevolente con Hermes, quien permanece herido en el suelo. El espartano se acerca y pronuncia estas palabras: «No tengo intención de desperdiciar mi tiempo con alguien como tú, Hermes»[52]. Sin embargo, Hermes se levanta y decide enfrentarse a Kratos. Su soberbia le lleva a infravalorar a su enemigo, el famoso Fantasma de Esparta.

En ese preciso instante, el jugador se hace nuevamente con los mandos y el control de Kratos. Una vez vencido Hermes en un intenso combate, se debe realizar con éxito un *quicktime event* para acabar con su vida, que consiste en arrancar brutalmente las piernas de Hermes y sustraer así sus botas aladas. El título hace cómplice a los jugadores de este deicidio de forma salvaje y sádica, como pocas veces antes se había visto en un videojuego de este género. Sin embargo, aunque el personaje no es virtuoso, ni idealista, ni su camino se corresponde con un sendero

....

51   Hermes en *God of War III* (Sony Santa Monica, 2010).
52   Kratos en *God of War III* (Santa Monica Studio, 2010).

de justicia, se empatiza irremediablemente con él, haciendo de su causa el objetivo del jugador. En ese instante, en un atisbo de conciencia, el jugador se da cuenta de que, cuando la venganza de Kratos culmine con el parricidio de Zeus, sentirá el clímax del relato a los ojos de este atroz personaje. Ahora se prepara para ello, sin temor a sentir simpatía por un ser brutal, inquisitivo y de dudosa moralidad.

El fenómeno de empatizar con personajes brutales cuyos actos no suelen ser moralizantes, es conocido como *efecto lucifer* o *simpatía por el diablo*. Cory Barlog, director creativo de *God of War*, tenía claro que quería imprimir esta imperfección y personalidad destructiva en la construcción narrativa de Kratos. Barlog no quería a un héroe tradicional sino uno diametralmente opuesto, capaz de atrocidades y brutalidades que dieran rienda suelta a la imaginación de los *gamers*. Barlog quería un ser sediento de venganza, tan fuerte como para rivalizar con Ares, primer dios de la guerra, y tan poderoso que pondría fin a la era de los dioses del Olimpo en la culminación de la primera trilogía. Los creadores de la saga God of War no diseñaron un héroe virtuoso como Hércules o Perseo o tenaz e ingenioso como Ulises, sino uno que sembraría caos, muerte y destrucción a su paso, un auténtico antihéroe forjado de la venganza y la traición de los dioses y que no seguiría el patrón del viaje del héroe. Un antihéroe que, por momentos, podría pasar como uno de los villanos más aterradores y destructores que han existido y cuya lista de atrocidades no tendría fin. Kratos lleva tan al extremo los rasgos antiheroicos que, en ocasiones, resulta muy complejo distinguirlo de un auténtico villano.

El nivel de poder del primer Kratos

Kratos probablemente sea, junto a Dante y Bayonetta, uno de los antihéroes más poderosos de todos los que han existido hasta la fecha en la industria del videojuego. Él solo fue capaz de vencer a todos los dioses

del Olimpo, a los Titanes y a las grandes quimeras de la mitología clásica. Ahora está haciendo lo propio con los dioses y las criaturas titánicas de la mitología nórdica. De todos los antihéroes que conforman este viaje, potencialmente es el que más experiencia en combate atesora y el que mayor fuerza base ha demostrado. Pese a no ser un maestro en artes marciales, sus hazañas hablan por sí mismas: Kratos ha sido capaz de decapitar a dioses, desmembrar a criaturas mitológicas y parar la embestida de titanes. Su habilidad en el cuerpo a cuerpo se caracteriza por su brutalidad, ya que él no lucha para defenderse o dejar inconsciente al enemigo, sino para destrozarlo en cada golpe. No obstante, la mayor parte del tiempo luchará con las Espadas del Caos entregadas por Ares y el Hacha Leviatán que obtiene de Faye, aunque también conseguirá otras armas de origen divino y objetos del entorno.

Engendrado por el dios del Olimpo Zeus y la humana Calisto, Kratos es un semidiós, como la mayoría de los héroes mitológicos: Hércules, Perseo, Aquiles, etc. Nace en Esparta y, aunque se desconoce la fecha exacta, se sabe que fue décadas después de que Zeus desterrara a los Titanes al Tártaro. Siendo hijo de Zeus, Kratos mantiene parentesco con prácticamente la totalidad de los dioses del Olimpo. No hay datos de su fallecimiento definitivo. Ha muerto tres veces, pero su condición de inmortal le ha permitido volver de entre los muertos. En un primer momento fue general del ejército espartano. Posteriormente trabajó a las órdenes del Olimpo.

Entre sus apodos más conocidos, destaca Fantasma de Esparta y, una vez que derrota a Ares, es nombrado dios de la guerra en sustitución de este. Otros apodos o alias que ha recibido a lo largo de sus aventuras son: Campeón de Ares, Dios Caído, Paladín de Atenea, Asesino de Dioses o Destructor de Mundos, entre otros.

En cuanto a su inteligencia, aunque Kratos ha caído en varias ocasiones bajo el engaño de los dioses, como Ares, Atenea o Zeus, es un personaje con un alto intelecto, capaz de resolver cualquier enigma o prueba a la que le sometan desde el Olimpo. Su brutalidad y sed de venganza, en ocasiones, le han nublado el juicio, pero en las últimas entregas, ya exiliado y cuidando a su hijo Atreus, se observa un Kratos más sabio, sereno y consecuente, demostrando que cuando no actúa movido por la venganza, es un personaje inteligente, aunque no sea su mayor cualidad.

Kratos también posee habilidades y poderes sobrehumanos. La habilidad más destacable de este personaje y que solo unos pocos elegidos poseen es, sin lugar a duda, la inmortalidad. Hasta en tres ocasiones ha logrado vencer a la muerte y curar sus heridas. Sin embargo, se desconoce si Kratos lograría recuperarse de una decapitación o de una muerte en la que su cuerpo haya quedado destrozado. Posiblemente su regeneración sea inferior a la de Dante, hijo de Sparda, quien es capaz de recuperarse de una puñalada en el corazón o de un tiro en la cabeza. Presumiblemente, tampoco tiene la velocidad de regeneración de personajes como Wolverine o Deadpool, quienes pueden curar una herida de bala en cuestión de minutos. Sin embargo, Kratos demostró una gran capacidad regenerativa al recuperarse del espadazo que le atravesó el cuerpo y que le propinó Atenea en el ocaso de *God of War III* (Santa Monica Studio, 2010). Además de la inmortalidad, posee una fuerza sin parangón, capaz de superar al héroe Hércules o a algunos de los Titanes.

El segundo Kratos, el menos villano de los antihéroes

El Kratos de las dos últimas entregas es un personaje radicalmente distinto. Este hecho es innegable y se evidencia en el mero hecho de comparar su forma de hablar en la primera trilogía con las palabras que le dedica a su hijo Atreus en el reinicio de la saga: «El poder de esta arma, de cualquier arma, viene de aquí [corazón]..., pero solo si se templa con esto [cabeza]. Con la disciplina y el autocontrol de quien la empuña. Ahí es donde se encuentra toda la fuerza de un guerrero»[53].

El nuevo Kratos se configura como un personaje reflexivo, que se avergüenza de las decisiones y actos del pasado y busca ocultarlas en lo más profundo de su ser (3DJuegos, 2022). Las sombras son aquella parte del subconsciente que almacena miedos, traumas y momentos mayormente hirientes del pasado, sobre todo de la infancia. Las personas ocultan sus sombras en un cajón de sastre, arrojan la llave, esperando no tener que abrirlo nunca más.

Las sombras de Kratos vuelven constantemente, lo acechan cada vez que se enfrenta a un enemigo o cuando ve el rostro de su hijo, que le recuerda a su anterior familia. Su mayor miedo, sin embargo, es reencontrarse a sí mismo. El espartano no tiene rival, jamás lo tendrá. Él solo venció a todos los dioses del Olimpo, incluidos Ares y Zeus, también a héroes mitológicos como Hércules y a titanes y quimeras que hubieran destrozado a cualquier otro en cuestión de segundos. Solo tiene miedo de un enemigo: él mismo. Por este motivo, Kratos intenta templar su ira, contiene su capacidad de destrucción y mantiene una actitud más sosegada. De alguna manera, busca evitar que su hijo Atreus repita los errores que él cometió siento más joven.

Las dos últimas entregas olvidan el arco de venganza y el camino que llevó a Kratos a destronar a Ares como dios de la guerra, para buscar un camino de redención. El personaje, aunque en los primeros compases no muestra demasiados signos de aprecio hacia Atreus, sí lucha por hacer de él alguien mejor, y lo hace mediante disciplina y severidad. Kratos no se encuentra cómodo en esta nueva faceta de padre, pero paulatinamente irá asimilando su rol y evocarán en él sentimientos paternalistas. Del mismo modo, cuando conoce la verdadera naturaleza de Atreus y el poder latente en él, su halo de responsabilidad crece, sintiendo que su papel en la his-

....

53 *God of War*, Sony Santa Monica Studios, 2018.

toria es trascendental para que su hijo no se convierta en un ser oscuro y abocado a la destrucción, como le sucedió a él. Sin entrar en *spoilers*, ese camino de redención permitirá a Kratos mostrar que, detrás de esa fachada impávida y esa rudeza en las formas, hay mucho más. Poco del ser caótico y destructivo queda en él, aunque sigue siendo un guerrero poderoso y formidable.

Los innumerables cambios que ha ido sufriendo el personaje se pueden resumir en dos: un arco evolutivo hacia la villanía en la primera saga y otro hacia la redención en la segunda. Su viaje de venganza se confronta con su exilio hacia la esperanza, pero sin olvidar parte de la brutalidad y oscuridad que siempre envolverá al espartano. Kratos es un misterio y, gracias a eso, su narrativa sigue siendo rica e interesante, pese a los años y la gran cantidad de videojuegos que han expandido su historia y *lore*.

Esta dualidad no solo es propia del otrora comandante espartano, muchos otros personajes han experimentado cambios, como Hulk, uno de los personajes más cambiantes de la Casa de las Ideas, combinando versiones más brutales y despiadadas, con otras más reflexivas y templadas. En el siguiente y último capítulo de esta obra, antes de concluir el viaje antiheroico, se presentan algunos de los personajes antiheroicos que no han protagonizado un capítulo propio pero a los que sí era necesario dedicar unas líneas. Precisamente, algunos de estos personajes como Alex Mercer o Kain, comparten esta ambivalencia con Kratos y Hulk, además de atesorar otros rasgos antiheroicos y un gran poder.

UN PADRE ANTIHEROICO. Kratos es, posiblemente, el padre más antiheroico de la historia de los video-juegos. Copyright: Santa Monica Studio, 2022.

CAPÍTULO XXIII

MENCIONES
HONORÍFICAS

> Si de verdad existe el mal en este mundo,
> reside en el mismo corazón del hombre.
> Edward D. Morrison (*Tales of Phantasia*)

A lo largo de los capítulos anteriores, se ha profundizado en la narrativa de más de una treintena de antihéroes y antiheroínas de la historia de los videojuegos, no obstante, se han quedado en el tintero otros tantos, que, aunque sea de forma más superficial, es interesante mencionarlos por respeto a lo que significaron y por deferencia a todos aquellos y aquellas *gamers* que disfrutaron de su oscuridad, complejidad narrativa y neutralidad.

Strange, el antihéroe cazarrecompensas

Algunos de estos personajes seguramente han caído en el olvido por haber protagonizado un videojuego que no tuvo el éxito esperado como Strange de *Oddworld: Stranger's Wrath* (Just Add Water, 2005). Un título en el que los jugadores manejan en primera persona a una especie de centauro de la raza steef del universo de *Oddworld*. Este personaje es un cazarrecompensas con influencias estéticas directas del antihéroe conocido como el Pistolero Sin Nombre interpretado por Clint Eastwood en *La muerte tenía un precio* (Leone, 1965). La motivación de este peculiar antihéroe se basa en cazar forajidos y obtener su recompensa para poder hacerse una cirugía que le extirpe las patas traseras. Cabe recordar que es un centauro y así poder vivir plácidamente fingiendo ser de otra raza, ya que su especie está en busca y captura por el clásico villano. El juego apareció en exclusiva para la primera Xbox y recibió críticas positivas. Sin embargo, no consiguió grandes ventas pese a ser un título muy original y divertido y haber introducido muchas novedades en el género de acción y *shooter*. El personaje, por su parte, posee una fuerte personalidad, un código ético propio, aunque en algunos compases del videojuego, realizaba numerosas acciones heroicas y loables. Se trata de un antihéroe motivado por intereses propios pero que se encamina lentamente hacia el bien. En 2010 se lanzó una versión en HD para PC, en 2020 para Nintendo Switch y a principios de 2022 se publicó también para PS4, PS5, Xbox One y Xbox Series X. Resulta extraño que, diecisiete años después de su estreno, la desarrolladora siga estirando el título en lugar de ofrecer una secuela que permita profundizar en el pasado del personaje y en todas sus capas narrativas que quedaron sin cerrar en este ingenioso y extravagante videojuego. Para quienes tuvieron la ocasión de jugarlo en su lanzamiento, fue una grata sorpresa y supuso una importante dosis de diversión desenfadada.

Jackie Estacado, el antihéroe que atesora el poder de la oscuridad

El que sí llegó a tener una secuela, aunque sin mucho éxito, fue *The Darkness* (Starbreeze Studios, 2007). Esta obra, con ciertos tintes góticos y algunas reminiscencias a la mitificada película *El cuervo* (Proyas, 1994), presenta a uno de los personajes que mejor encarna el arquetipo de antihéroe vengador en los videojuegos: Jackie Estacado. Pero antes de saber más de este personaje, es necesario entender a la Oscuridad, la fuerza que habitará en él y que le da todo el sentido al universo narrativo de los cómics y videojuegos. El origen de la citada Oscuridad se explica detalladamente en uno de los cómics de fantasía gótica más populares de los últimos tiempos: *The Darkness*, escrito conjuntamente por Mark Silvestri, David Wall y Garth Ennis, y publicado por Top Cow Productions en 1996.

En esta obra, la Oscuridad se muestra como una entidad cósmica que va más allá de los anales de la humanidad. Esta entidad se traslada al mundo de los humanos para elección de una estirpe cada diez mil años, cuyo linaje se convertirá en su huésped. Un linaje que se hereda de padres a hijos, quienes al cumplir los 21 años desatan la fuerza y los poderes oscuros. Jackie es el actual portador de la Oscuridad y con él esta entidad alcanzará su forma más monstruosa, pues Jackie, hasta la fecha, es el anfitrión más poderoso y fascinante que la Oscuridad ha conocido. Pero Jackie no siempre fue un portador activo de la Oscuridad. Nació en Nueva York, en el año 1981, su madre murió durante el parto. De pequeño fue enviado a un orfanato, donde conocería al amor de su vida, Jenny Romano. Jackie se volvió su protector y la defendería de cualquiera que intentase hacerle daño o abusar de ella, lo que provocó un vínculo muy estrecho entre ambos. Siendo aún muy joven, Jackie pasaría a formar parte de la mafia. Fue adoptado directamente por el capo Frankie Franchetti, alentado por un extraño llamado Sonitine, que vio en Jackie un poder extraordinario. Desde ese momento, Jackie se convirtió en un criminal. Es lo que aprendió, era lo que le dictaba su entorno y su estilo de vida.

Al cumplir los 21 años, Jackie mantenía una relación amorosa con Jenny, pero esta fue asesinada por la mafia. Este hecho sería el primer episodio de la historia antiheroica de Jackie y su gran motivación será la venganza contra la mafia y todos los que supongan una amenaza. Es en ese momento en el que la fuerza oscura le insufla a su huésped una energía ilimitada llamada «poder demoníaco». Este poder le permitirá transformar sus extremidades, lanzar a sus enemigos por los aires o despedazarlos sin ninguna dificultad. También le otorga la capacidad para abrir puentes con un reino sobrenatural, del que emergen criaturas abominables, una auténtica horda de diablos y seres malignos, aberrantes, malhablados y traviesos que moran esperando la llamada de su amo.

La Oscuridad también dotará a Jackie de una especie de escudo o armadura sombría, que le dará mayor agilidad y velocidad, además de permitirle eventualmente asimilar el aspecto de sus enemigos, incluso imitar sus voces. Además de este poder, el portador puede llegar a desarrollar una serie de poderes espirituales, alimentándose de las almas de otros o resucitando a los muertos por un breve periodo de tiempo. Con todos esos poderes se configura un gran antihéroe, un personaje vengativo que acabará con innumerables criminales, pero al que no le temblará el pulso si en su camino arrebata la vida a algún gamberro inofensivo o a algún policía. Jackie es un mal bicho, pero enfatizamos con él porque ha perdido a su amada y porque está limpiando las calles de indeseables, delincuentes y, en definitiva, de seres aún más despreciables que él.

El primer videojuego sorprendió a todos los que lo probaron, recibiendo críticas muy positivas por su ambientación, narrativa y por la originalidad del personaje y sus esbirros, sin embargo, no logró hacerse con un hueco en el mercado. Lamentablemente, su segunda entrega, *The Darkness II* (Digital Extremes, 2012), resultó ser demasiado continuista y no acabó de aprovechar la fórmula ni consiguió mejorarla lo suficiente como para atraer a una gran cantidad de jugadores, pasando sin pena ni gloria pese a ser un juego de notable calidad y que mejoraba técnica y jugablemente al primero. Las ventas no fueron las suficientes para ver una tercera parte, cayendo así en desgracia Jackie Estacado, uno de los antihéroes más oscuros y sanguinarios de la historia del videojuego.

El antihéroe de serie B: García Hotspur

Otro notable juego que no tuvo un recibimiento acorde a la diversión que ofrecía y a su interesante propuesta jugable fue *Shadow of the Damned* (Grasshopper Manufacture, 2011), en el que los jugadores manejan a otro personaje con muchos rasgos antiheroicos: García Hotspur. *Shadow of the Damned* es un tributo a las películas de serie B, de hecho, su nivel técnico no es comparable a un triple A del 2011 y su personaje parece sacado de un filme del director y productor Robert Rodríguez. En este título se propone viajar al infierno a rescatar a Paula, la novia de García. Esta bella mujer ha sido secuestrada por el tipificado señor de las tinieblas, una historia similar a la que ya se ha visto en otros videojuegos como *Dante's Inferno* (Visceral Games, 2010) o en los clásicos *Ghost'n Goblins* (Capcom, 1985) y *Splatterhouse* (Namco, 1988). En todos estos títulos y muchos otros se recurre por enésima vez al arquetipo de la damisela en apuros tratado en capítulos anteriores, pero situando al enemigo y antagonista como un representante del infierno. Sin embargo, la particularidad del videojuego es la personalidad de García Hotspur y su interesante diseño. García es un cazademonios, chulesco y con mucho estilo, tres características que recuerdan directamente a Dante, hijo de Sparda. También consume alcohol, tiene éxito con las féminas, carece de miedo y, por supuesto, regala violencia gratuita a todo aquel que ose cruzarse en su camino. Es evidente que se inspiraron en la saga Devil May Cry, aunque los desarrolladores de Grasshopper Manufacture le dieron pequeños matices diferenciadores: verborrea malsonante, un nombre menos comercial y una calavera parlante que se transforma eventualmente en todo tipo de armas de fuego. García también gusta de aniquilar demonios al estilo *shooter* con coberturas combinando golpes, propuestas jugables que recuerdan ligeramente a *Resident Evil 4* (Capcom, 2005). Si todavía alguien duda que las similitudes con el cazademonios de Capcom son más que evidentes, cabe subrayar que esta obra ha sido producida por Shinji Mikami y escrita por Suda51, quien han colaborado con Capcom en el pasado. No obstante, en lo que sí hay grandes diferencias fue en la aceptación del público, pasando a ser un juego totalmente desconocido y con un índice de ventas paupérrimo, lo que determinó que la compañía matara a este nuevo antihéroe y dejase con ganas de más a los que sí disfrutaron de su acción desenfrenada, sentido del humor y estilo socarrón y noventero.

¿Es Grayson Hunt una versión trasnochada y zafia de Marcus Fenix?

Otro personaje que ha muerto, al menos de momento, porque la secuela parece no llegar, es Grayson Hunt, principal protagonista de *Bulletstorm* (People Can Fly; Epic Games, 2011). Grayson es torpe, muy malhablado, asocial, demuestra problemas con la cadena de mando y su sentido ético es altamente cuestionable. Es posible decir que es neutral, puesto que trabaja como mercenario y no toma partido. Aunque ocasionalmente intenta hacer lo correcto, siempre y cuando forme parte de un contrato o le vaya su vida en ello, emerge como una máquina de exterminar bandidos y todo tipo de criminales de las formas más creativas y, sobre todo, viscerales posibles. De hecho, esta obra de los creadores de las primeras entregas de la saga Gears Of Wars, premia al jugador por la creatividad a la hora de aniquilar y por su capacidad para destrozar todo a su alrededor de las maneras más pintorescas imaginables. Aunque el videojuego ha envejecido mal, pues ya tiene más de una década en el mercado y los *shooters* han evolucionado considerablemente, en el momento de lanzamiento fue toda una inspiración y soplo de aire fresco. Para muchos, supuso un título muy divertido y completo. Sin embargo, el multijugador no tuvo apenas acogida y la campaña, si bien era entretenida, carecía de una gran historia como para poder profundizar en su universo narrativo. Asimismo, aunque el diseño del antihéroe Grayson se adecuaba perfectamente a la trama, la estética y el tipo de acción violenta y desenfrenada, no dejaba de ser la versión trasnochada y zafia de un militar de la GCO de la saga Gears of War. Como curiosidad, en ediciones posteriores se incluyó un DLC que permitía encarnar, tanto en el multijugador como en el modo campaña, a Duke Nukem, protagonista del primer capítulo de esta obra y uno de los primeros antihéroes del videojuego. Este hecho supuso un pequeño reflote del título, pero, al parecer, no lo suficiente.

Alex Mercer, de antihéroe a villano

«Los monstruos no nacen, se hacen»[54]. Esta es la frase que pronuncia Alex Mercer, el villano principal de *Prototype 2*, y no le falta razón. Mercer fue el personaje protagonista de *Prototype* (Radical Entertainment, 2009) y uno de los antihéroes más poderosos de todos los tiempos. Su nivel de poder podría rivalizar con Kratos, Dante o Bayonetta. Por otro lado, se trata de un personaje muy bien construido, con un arco de venganza no demasiado estereotipado y muchos matices. Elementos que se esperan de un personaje que tiene que tomar decisiones difíciles y que, haga lo que haga, estará siempre abocado a la ruina y el caos.

No obstante, de forma cuestionable, los guionistas decidieron convertirlo en un villano estereotipado con la clásica motivación de querer dominar el mundo en la secuela del título. A ello se une el transformarlo en el antagonista del título y, por tanto, poner a los jugadores a los mandos de un nuevo personaje, Heller, quien deberá acabar con Mercer. *Prototype 2* recogió unas críticas con notas que oscilaban entre el 7 y el 9 y vendió considerablemente durante los primeros meses de vida. Se podría considerar un juego divertido durante las primeras horas, gracias a la libertad que otorga el desplegar todos esos poderes en un pseudomundo abierto y ser la personificación de la libertad. En el año 2009 todavía no era muy recurrente esta fórmula, aunque en la actualidad ha ido perdiendo interés entre la comunidad *gamer*. En lo concerniente a la historia, esta pasó desapercibida y supuso no solo la muerte del antihéroe sino también de la saga. Una década después, ni Radical Entertainment ni la marca madre, Activision, parecen dispuestas a publicar una tercera entrega. Salvo un improbable *remake*, parece que los días del que fue un gran antihéroe, han llegado a su fin.

....

54   *Prototype 2* (Radical Entertainment, 2012).

Uno de los primeros antihéroes y el primero en convertirse en villano: Kain

Kain, de la saga Legacy of Kain, es otro de los grandes y pioneros antihéroes de la industria del videojuego que sufrió una suerte similar a la de Mercer. Protagonista del título *Blood Omen: Legacy of Kain* (Silicon Knights, 1996), antaño fue un caballero noble que murió asesinado por unos bandidos. Tras una serie de acontecimientos, resucita como vampiro e inicia su viaje antiheroico de venganza y búsqueda de la verdad sobre su asesinato y la corrupción de su tierra, Nosgoth. Tal y como sucedió con Duke Nukem en los *shooters*, Kain sorprendió a los aficionados al género de aventuras y acción con toques roleros, al ponerles en la piel de un protagonista vengativo. Este ser abandona su código de caballero para dar caza a sus enemigos y absorberlos la sangre cuando sea necesario.

Kain fue considerado un personaje atípico, adelantado a la época y poseedor de una serie de características y atributos que lo hacían único. Sin embargo, tal y como sucede con Alex Mercer en la saga Prototype, en la segunda entrega, llamada *Legacy of Kain: Soul Reaver* (Crystal Dynamics, 1999), Kain pasa a ser el villano y principal antagonista. A este hecho, se le une que la trama no ahondó más en la personalidad de Kain ni supo aprovechar el cambio de arco evolutivo del personaje que le llevó de ser uno de los primeros antihéroes a convertirse en un villano arquetípico más. En la actualidad, y tras más de dos décadas sin nuevas entregas, tanto la saga como Kain están cada vez menos presentes en el panorama del videojuego y, por otro lado, las nuevas generaciones de jugadores no acostumbran a conocer a uno de los personajes que impulsaron el antiheroísmo en el sector.

Los Cuatro Jinetes del Apocalipsis y sus rasgos antiheroicos

Otros estudios no han matado a sus antihéroes sino todo lo contrario, continúan apostando por nuevas entregas y *spin-offs*, pero los beneficios obtenidos son inversamente proporcionales al esfuerzo e interés que ponen en expandir sus narrativas, lo que demuestra que un antihéroe no siempre es sinónimo de éxito. Este hecho es lo que ha acontecido con la saga Darksiders y su reinterpretación de los relatos bíblicos y de los Cuatro Jinetes del Apocalipsis: Guerra, Muerte, Furia y Lucha. Si bien esta obra se centra en los personajes antiheroicos y enaltece sus gestas y su profundidad narrativa por ser elementos que seguramente enriquecerán la experiencia jugable y ayudarán a crear muchos vínculos por el carácter humano, imperfecto y evolutivo de dichos personajes, en ocasiones se publican videojuegos que no han sabido responder a las expectativas ni han atraído a una gran comunidad de jugadores, pese a estar protagonizados por antihéroes y ser obras de gran calidad.

Este fue el caso de *Darksiders*, donde encarnamos a Guerra, apodado Jinete Rojo o Nephilim, un antihéroe que nos ha dejado frases tan célebres como «prefiero gobernar en el infierno que servir al cielo[55]». El título cautivó a quienes le dieron una oportunidad y presentaba una mezcla de géneros casi inédita: acción, plataformas con toques de RPG, niveles que incluían disparos en tercera persona, vuelo, puzles y lo aderezaban con un mundo abierto algo estéril y vacío, pero con muchos secretos por descubrir. Pese a tener unas críticas notables, supuso un batacazo de ventas:

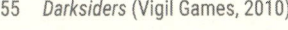

55   *Darksiders* (Vigil Games, 2010)

Darksiders no ha cumplido las expectativas de THQ, vendiendo menos de un millón de copias a pesar de haber invertido una gran cantidad de dinero en publicidad, los costes de 2-3 años de desarrollo y una rebaja en el precio del juego tras estar solo dos semanas en las tiendas[56].

Aunque las declaraciones del analista Greenwalt eran puestas en entredicho en esa misma noticia, lo que es innegable fue el fracaso de ventas de las siguientes entregas y también la falta de nuevas propuestas a esta mezcla de géneros que podía haber marcado tendencia. Por su parte, *Darksiders II* (Vigil Games, 2012) es una obra de un estilo y mecánicas muy similares a la primera entrega, aunque esta vez el protagonista es Muerte, hermano de Guerra. Si bien el título de Vigil Games resulta menos sorprendente y original que el primero, mantuvo el mismo nivel de calidad y seguía apostando por combinar pequeños puzles con plataformas y elementos tanto de los mundos abiertos como del *hack and slash*. Tuvo una recepción correcta, pero no llegó a consolidarse ni pudo combatir con otros exponentes del género. En cuanto a Muerte, era un personaje estéticamente muy diferente a Guerra, más sombrío, cadavérico y de ropajes más oscuros, aunque ambos estaban cortados por el mismo patrón y no presentaban grandes diferencias. Seguramente ambos hubieran tomado las mismas decisiones si se hubieran intercambiado el protagonismo de ambas obras.

Posteriormente, apareció *Darksiders III* (Gunfire Games y THQ Nordic, 2018), en el que encarnamos al único personaje femenino de los cuatro jinetes: Furia. Este personaje, más soberbio y engreído que Guerra y Muerte, se jacta de ser la más fuerte y poderosa de los cuatro jinetes.

....

56   Sempere, J. Mª, (2010). Darksiders no vende según lo esperado según un analista. *Eurogamer*. https://www.eurogamer.es/darksiders-no-vende-segun-lo-esperado

El juego se siente peor en todos los aspectos que las dos primeras entregas y la palabrería socarrona del personaje parece como un intento de convencer al jugador del gran personaje que tiene ante sí. Aunque Furia mantiene una postura neutral, es indudable que estamos ante un personaje con tonos grises, que proclama su hastío hacia todo lo que le rodea y que aborrece a ángeles, demonios y humanos por igual. Sin embargo, el personaje no es demasiado complejo y parece escrito de forma superficial. Pronto se quitará el traje neutral para enfundarse el de salvador de los débiles y luchar contra los pecados capitales, algo que ya hemos visto anteriormente en innumerables títulos. El videojuego se siente anacrónico a su tiempo, como si fuera de la generación anterior y, aunque tiene pequeños destellos jugables, es tedioso y reiterativo, yendo de más a menos y provoca que sus últimos niveles estén carentes de creatividad y nuevas propuestas.

Cuando era el turno de un hipotético *Darksiders IV*, en el que Lucha tomase el relevo de Furia y se cerrase la historia iniciada con Guerra, aparece *Darksiders: Genesis* (Airship Syndicate y THQ Nordic, 2019), a modo de precuela del primer Darksiders. Catalogado por muchos medios como una de las sorpresas del año, el título sorprende a propios y extraños por plantear el ya de por sí complejo estilo de la saga, que mezcla *hack and slash* con plataformas y puzles, con una vista cenital y un modo de acción al más puro estilo de la saga Diablo. La fórmula no solo sorprende, sino que funciona. Además, en el título es posible controlar tanto a Guerra, el más querido de los cuatro jinetes, como a Lucha, quien no había tenido ocasión de aparecer. Sin embargo, en lo que concierne a la propuesta narrativa y a la profundidad de los personajes, la obra del estudio estadounidense Airship Syndicate se antoja algo superficial e insuficiente. *Darksiders: Génesis* se centra más en los aspectos jugables, siendo un título muy cuidado en este aspecto, pero no logra profundizar en el trasfondo de Guerra y Lucha.

Los otros antihéroes

De la misma manera, es posible encontrar antihéroes que han protagonizado obras aclamadas por la crítica y por los jugadores pero que, por pertenecer a un estilo de juego con poca masa crítica, no han conseguido la popularidad de otros, por ejemplo, Harrier Du Bois del RPG conversacional *Disco Elysium* (ZA/UM, 2019). También es posible encontrar otros pertenecientes a grandes sagas que, gracias a la evolución de la técnica y la animación en la industria, han recibido matices narrativos que lo acercan más al lado del antiheroísmo que al del héroe tradicional, como, por ejemplo, el Space Marine de las últimas entregas de la saga Doom o también William Joseph «B.J.» Blazkowicz, de la saga Wolfenstein.

En lo que respecta al género de lucha, existen muchos personajes que tienen ciertos rasgos antiheroicos, aunque a muchos resulta difícil catalogarlos en este grupo, ya sea porque el personaje ha cambiado numerosas veces de bando y personalidad o porque este género no siempre profundiza en los personajes o porque, aunque tengan algunos rasgos antiheroicos, responden más al concepto de villano. Este último caso es el de Akuma, de la saga Street Fighter. Se trata de un personaje con muchos rasgos antiheroicos, pero su concepción global se acerca más a la de un ser vil, capaz de cometer cualquier atrocidad con tal de batirse con enemigos que le supongan un reto y demostrar su poder. Por contra, Scorpion, el emblemático y popular personaje de la saga Mortal Kombat, empezó su camino siendo un ser abducido por el odio, que buscaba asesinar al clan Lin Kuei. Su rabia e ira eran sus motores principales, permaneciendo bastante neutral. Con las diferentes entregas y tras descubrir que había sido engañado por el nigromante Quan Chi, intenta enmendar los errores del pasado y vuelve a la senda del código de honor que había dejado atrás con el asesinato de su familia.

Finalmente, se encuentran el grupo de antihéroes y antiheroínas que ya existían previamente en obras literarias, películas y series y que han tenido una versión en la industria del videojuego. Hablamos de personajes como Max Rockatansky (saga Mad Max), Tommy Shelby (Peaky Blinders), Vegeta (universo narrativo de Dragon Ball Z), John Wick (saga John Wick), Torrente (saga Torrente), Jack Sparrow (saga Piratas del Caribe) o Riddick (saga las Crónicas de Riddick), siendo este último el único que posee un videojuego a la altura del personaje. Se trata del videojuego *The Chronicles of Riddick: Escape from Butcher Bay* (Starbreeze Studios, 2004), exclusivo para la primera Xbox y PC. Este título se consideró excelente por la crítica y los usuarios lo recibieron de forma muy positiva, siendo uno de los pocos títulos que, por entonces, lograban pasar con éxito el *impasse* del cine al videojuego. La atmósfera asfixiante, la elevada dificultad fruto de un sigilo muy conseguido y la reproducción fiel a la personalidad de Riddick, le llevaron a ser uno de los juegos más premiados de 2004. Lamentablemente, hace mucho tiempo que no hay noticias sobre nuevas incursiones de este gran antihéroe en el sector.

Red o Hellboy, el demonio rojo y lúgubre que fuma puros y maldice, creado por Mike Mignola y Dark Horse Comics, es uno de los últimos antihéroes en aterrizar en el sector. El videojuego que protagoniza lleva por título *Hellboy: Web of Wyrd*, desarrollado por Upstream Arcade para PC, PS5 y Xbox Series X/S. El videojuego es una mezcla de acción *roguelike* y combates con ataques a *melee*, aunque lo que llama más poderosamente la atención es su estilo artístico. Sus gráficos al estilo *cel shading* se combinan con un estilo cómic y una ambientación tétrica que juega con las sombras. A la espera del *reboot* de las películas y a raíz del éxito que tuvo la introducción de este personaje como DLC en *Injustice 2* (NetherRealm Studios, 2017), el título está generando mucha repercusión. Aunque quizás no está a la altura del apocalíptico personaje, sí es un trabajo más completo que *Hellboy: Science of Evil* (Konami, 2008), un título de acción muy mediocre técnica y, sobre todo, narrativamente.

El éxito de las películas de Suicide Squad y su *spinoff*, la serie *El Pacificador*, ha impulsado el desarrollo de *Suicide Squad: Kill The Justice League*. La obra está siendo desarrollada por Rocksteady Studios, los mismos desarrolladores de la aclamada saga Batman Arkham. Este título de acción trata sobre un hipotético futuro dentro del universo DC, en el que Brainiac ha vencido a la Liga de la Justicia y domina el planeta. Incluso controla mentalmente a algunos superhéroes. La última salvación es reclutar a algunos villanos, mercenarios o abominaciones y enviarlos a una misión suicida contra el ejército de Brainiac. La peor escoria de Gotham y de Metrópolis unida para salvar la humanidad, aunque tengan que sacrificarse en ello. ¿Puede haber algo más antiheroico?

Se desconoce si la tendencia actual de apostar por personajes imperfectos, con sombras y conflictos internos, se convertirá en una forma de crear personajes tan interiorizada por los guionistas y creativos del sector, que dejará incluso de ser noticia. No obstante, sí sabemos que, a corto plazo, los antihéroes y las antiheroínas van a seguir teniendo un importante protagonismo en el sector, gracias a la interesante cantidad de títulos en desarrollo cuyos personajes no tienen nada del idealismo ni la virtud de los clásicos héroes ni de los superhéroes. ¿Estarán a la altura de sus protagonistas? ¿Aportarán nuevas fórmulas a la narrativa?

EPÍLOGO

> Hay cosas que olvidamos... Y hay cosas que nunca podemos olvidar.
> Es gracioso... No sé cuál es más triste.
> Heather (*Silent Hill 3*, Konami, 2003)

La subjetividad, la inmersión, la interacción, la cooperación con otros jugadores o NPC, la multiplicidad de caminos a elegir, entre otras muchas características, hacen del videojuego un medio único. Estas obras de arte digital permiten desplegar relatos que no siguen las estructuras míticas, la tríada clásica, las bases de los guiones y la semiótica. Tampoco reproducen fielmente los patrones clásicos como el camino del héroe mitológico. Su complejidad narrativa es tan profunda que incluso permiten que personajes poco estandarizados que no responden al héroe claro y virtuoso puedan trazar su propio viaje antiheroico. Durante veintitrés capítulos se ha profundizado en mayor o menor medida sobre más de una treintena de antihéroes y antiheroínas. Ellos, los protagonistas de esta obra han arrojado luz desde la oscuridad, respondiendo a muchos interrogantes previos y otros tantos debates generados sobre su naturaleza. Asimismo, es posible establecer una serie de etapas que, en la mayoría de los casos, se cumplen, demostrando así que estos personajes no son fruto de la casuística ni la creación arbitraria. Han venido para quedarse y para ofrecer un nuevo mundo de posibilidades narrativas.

Las etapas del viaje antiheroico

La primera etapa es la *venganza*. Los personajes inician la aventura por una causa egoísta y personal, como es la venganza. A diferencia de los héroes convencionales, no reciben la llamada a la aventura mediante la visita de un heraldo o impulsados por un mentor o un pueblo que deposita en ellos su última esperanza. Niko Bellic, Shadow, Dante, Punisher, el Agente 47, Kratos, Max Payne, John Wick, Ezio, Balek, Ellie, Duke Nukem, Alex Mercer, Jackie Estacado, Kain, Muerte, etc. Todos ellos, en alguna de sus historias, han emprendido su viaje motivados por la venganza. En ocasiones, las menos, la venganza se sustituye por otro interés egoísta como encontrar la verdad sobre el pasado, como Shadow, Bayonetta, Wolverine o Geralt de Rivia. Mientras que la tercera causa es otro interés egoísta como el dinero, como Wario, Booker DeWitt o Travis Touchdown. Esta es la principal diferencia entre un héroe convencional y un antihéroe en cuanto al inicio de la aventura: el primero se mueve por ayudar al prójimo o el bien común, mientras que el segundo busca un bien propio, ya sea material o sea calmar su sed de venganza.

La segunda etapa es la *caída al abismo*. Los antihéroes, por lo general, confrontan a sus enemigos en primera instancia. Su orgullo, su soberbia, su ego, su seguridad en sus capacidades y una desmesurada ira harán que no sopese la situación ni sus posibilidades, cayendo vencido, hundido en el abismo. Ha fracasado y ahora tiene que afrontar la derrota y sus limitaciones. Esta etapa se sucede constantemente en las historias antiheroicas: Marcus Fenix en su primer encuentro con el general RAAM, Dante frente a Urizen, Kratos en sus primeros enfrentamientos con Ares, Zeus o Baldur, o Bigby Wolf contra Bloody Mary, son claros ejemplos. Su soberbia y ego los han llevado a un primer golpe inesperado.

La siguiente etapa es el *conflicto interior*. Un punto en la historia en que el antihéroe debe enfrentar sus miedos y sacar a flote sus sombras. Cuestionar su propio papel y reflexionar acerca de su neutralidad o ambigüedad. Este punto le sucede, entre otros, a Lee Everett, Bigby Wolf, Geralt de Rivia, John Marston, Big Boss, Marcus Fenix, Martin Walker, Booker de

Witt, Dante, etc. En general, todos los antihéroes y antiheroínas cumplen este papel con mayor o menor grado.

Este cuestionamiento les reporta ante la siguiente etapa, conocida como *vis major*. En este punto, el personaje debe decidir si pospone sus intereses propios en pro de una causa mayor y más importante. Si el caótico se torna *bueno* o *malo* o sigue siendo neutral. Es el punto de inflexión en el que el antihéroe abandona su neutralidad para iniciar un camino de redención y ayudar a otros personajes que lo necesitan. Sigue siendo el *menor de los males*, sigue siendo el personaje que nadie admira, pero ahora es el único capaz de salvar la situación.

La quinta etapa es la *traición*. Aunque la traición también está presente en los relatos heroicos, en el viaje antiheroico se vuelve muy característica. Este hecho se sucede, en gran parte, gracias tanto a la oscuridad del entorno del personaje como a los fantasmas del pasado. Las traiciones son evidentes en las historias de Kratos, de Geralt de Rivia, de Dante, de Arthur Morgan, de Niko Bellic, de Jackie Estacado, de Travis Touchdown, de Shadow, de Max Payne y, en general, de todos los antihéroes.

Ese halo de tragedia incentiva este tipo de traiciones y orientan al antihéroe a la siguiente etapa, llamada *profunda oscuridad*. Es la hora más oscura del personaje, donde sufre un hondo decaimiento derivado de la traición y la pérdida, en ocasiones de una verdad revelada que desalienta a los corazones más intrépidos. Max Payne, Niko Bellic, Wolverine, Senua, Martin Walker, Marcus Fenix o Kratos, entre otros, han alcanzado esta etapa o fase en su viaje, donde han tenido que lidiar con algo más profundo y doloroso que su ego: su pasado y su tormento.

Todos los personajes tocan fondo en algún momento y, cuando parece que la oscuridad les abraza por siempre, surge a flote otra de las características más comunes en todos los antihéroes, tal y como se ha visto en las páginas anteriores: la *resiliencia*. Los antihéroes son resilientes, característica que da nombre a esta etapa. El antihéroe resurge de la oscuridad con más fortaleza y sabiduría que nunca.

En esta mejor versión de sí mismo, ha traído consigo una nueva etapa: la *debilidad permitida*. Senua, Martin Walker, Max Payne, Kratos, Dante, Arthur Morgan y prácticamente todos los antihéroes que se han analizado, han aprendido a convivir con sus debilidades, con sus miedos, enfermedades y trastornos mentales y han aceptado su pasado y a ellos mismos. El estar en paz y comunión consigo mismos es el mayor aprendizaje, algo que el héroe ya trae de serie y que el antihéroe deberá conseguir en su viaje.

La novena y penúltima etapa es la *metamorfosis*. Nuestro personaje ha evolucionado, tras levantarse del abismo, tras superar la verdad del pasado o la traición y salir de la oscuridad, se ha aceptado a sí mismo y se ha convertido en su mejor versión. Ahora tiene todo lo necesario para afrontar al enemigo o la prueba final y salir victorioso. Ahora Kratos puede enfrentarse a Zeus, Dante a Mundus, Geralt de Rivia al vampiro anciano o al líder de la cacería salvaje, Marcus Fenix puede vencer al general RAAM y a la Reina Locust; ahora todos han pasado por ese periplo de metamorfosis y son imparables. Pero esta metamorfosis no los convierte en héroes ni heroínas, al contrario, refuerza su personalidad y su antiheroísmo, pues aprenden a aceptarse y usan su mejor versión al prepararse para el envite final.

La última etapa es la *victoria*. Una victoria que, en ocasiones, es amarga porque ha conllevado la pérdida de compañeros por el camino: Martin Walker pierde a sus compañeros, Marcus Fenix pierde a Dom, Geralt a Vesemir. En otras ocasiones supone, incluso, el sacrificio del propio protagonista como Arthur Morgan, John Marston, Booker De Witt o Kratos, aunque este último revive.

Si bien, como sucede con los héroes respecto del monomito o viaje del héroe, no siempre los personajes pasarán por estas etapas en las numerosas aventuras que pueden protagonizar o coprotagonizar, pero el recorrido por sus vidas y el análisis de sus rasgos demuestra que están muy alejados de las etapas de la estructura mítica tradicional y que no pueden ser tratados bajo los cánones categóricos de los personajes virtuosos y heroicos de la mayoría de las aventuras del cine y la literatura. Los antihéroes aportan nuevos estadios a las construcciones literarias y aportan nuevas posibilidades narrativas que, en la actualidad del videojuego, se sienten más originales y abiertas a interpretaciones y opciones creativas.

Fin del viaje

Las historias de personajes históricos pueden alzar los corazones de un pueblo herido o llevar a hombres y mujeres a morir por un credo. Los relatos de heroínas y héroes mitológicos fueron ejemplo de virtud y moralidad para una civilización que aún no había intentado responder a los grandes interrogantes de la humanidad. Las vidas de personas anónimas que se alzaron y lograron cambiar el mundo son aquellas que se recordarán por el paso de los siglos. Adoramos las historias de seres que lograron hazañas imposibles, pero también amamos los relatos de vidas anónimas porque, de alguna forma, todos nosotros somos personajes protagonistas de nuestras realidades y de nuestros pequeños grandes universos narrativos que esconden cientos de historias, secretos, giros argumentales, tramas, subtramas y, por supuesto, diferentes finales. Somos relatos que se alimentan de relatos, cuentos, leyendas, mitos y momentos inolvidables.

En particular, los videojuegos son capaces de hacernos vivir aventuras increíbles en mundos ficticios y fantásticos, de sumergirnos en un contexto social y un ecosistema que podemos sentir como nuestro, tienen la capacidad de hacer de eje transmisor de los sentimientos, emociones, resiliencias, traiciones o desgracias que experimentan sus protagonistas.

Los videojuegos se han conformado como instrumentos narrativos en los que se desarrollan historias profundas de maravillosos e irrepetibles personajes bajo un manto técnico, audiovisual y artístico que los convierte en, seguramente, las grandes obras de arte digitales de nuestro tiempo.

No podemos menospreciar el poder que atesoran las historias de los personajes en esta industria y, como se ha podido apreciar en esta obra, los relatos antiheroicos son los que presentan más matices y elementos de profundidad, oscuridad, subtexto y capas narrativas. Mediante la narrativa audiovisual, los antihéroes permiten que se generen vínculos emocionales con situaciones que, sin ellos, quizás nunca podríamos experimentar. Son una extensión de nuestra imaginación y creatividad y, en parte, son una extensión del ser humano, pues son imperfectos, tienen problemas de relaciones interpersonales o problemas de salud mental: son, en esencia, un galimatías de cualidades, bondades, penas y valores humanos.

En este sentido, podemos decir que somos afortunados, pues los apasionados y apasionadas de las historias que se desarrollan a los mandos de un videojuego de aventuras, de rol o de acción, han podido advertir un cambio progresivo en sus protagonistas. Las grandes epicidades y epopeyas protagonizadas por héroes que seguían el clásico patrón narrativo del viaje del héroe o monomito se han echado a un lado en silencio y cautelosamente. Así han dejado paso a complejas experiencias humanas de personajes que no estaban llamados a ser los héroes que obedecen estructuras míticas y narrativas tradicionales. Estos antihéroes dejaron de ser esclavos de su destino para elegir su propio camino, generalmente impulsados por sentimientos egoístas, como la venganza, o poco altruistas como la búsqueda de riquezas y tesoros. Hemos recorrido sus gestas y hazañas mientras nos ocultamos tras sus sombras y vilezas en un viaje a través de más de treinta indeseables y necesarios personajes.

AGRADECIMIENTOS

> Nada es más honorable que un corazón agradecido.
> Séneca

Aunque ser agradecido no es nada propio de antihéroes, quiero dar las gracias a varias personas que han ayudado a que esta obra sea posible. Primero de todo, a Isaac y Ricardo de Héroes de Papel, por haber confiado en este proyecto y haberme guiado en todo el proceso. Por su puesto, a Montserrat Vidal-Mestre por su apoyo y su fe ciega en mi trabajo. A Sergi Gurriz por su interés en el proyecto y por ayudarme en la búsqueda de imágenes. Finalmente, un agradecimiento especial a Óscar García Pañella por haber accedido a escribir el magnífico prólogo de esta obra y por cedernos parte de su *expertise* en el mundo de los videojuegos.

REFERENCIAS
DOCUMENTALES

3DJuegos (6 de noviembre de 2022). Las heridas de Kratos: un documental sobre God of War Ragnarok. [Vídeo]. YouTube. https://www.youtube.com/watch?v=bC7x99oj9ko

Campbell, J. (1968). *The Hero with a Thousand Faces*. Bollingen Series.

Campbell, J. y Moyers, B. (1991). *The Power of Myth*. Anchor.

Campbell, J. (2020). *El héroe de las mil caras*. Ediciones Atalanta.

Candil, D. (22 de mayo de 2009). Las películas que inspiraron a *No More Heroes*. *Vida Extra*. https://www.vidaextra.com/accion/las-peliculas-que-inspiraron-a-no-more-heroes

Carmona, A. (23 diciembre 2018). Análisis retro *Conker's Bad Fur Day*, entrena para la resaca navideña con tu N64 al estilo Rare. *ZonaRed*. https://bit.ly/3GRXxnf

Cuartero, S. (2018). Mito y realidad en la saga de videojuegos Assassin's Creed. *Revista de Estudios Históricos de la Masonería Latinoamericana y Caribeña, 10*(2), 101-110. DOI: 10.15517/rehmlac.v10i2.35295

Donovan, T. (2018). *Replay: La historia de los videojuegos*. Héroes de Papel.

El Bandicoot. (7 de marzo de 2020). Niko Bellic: el personaje más profundo de Grand Theft Auto. [Vídeo]. YouTube. https://www.youtube.com/watch?v=qPl8HbSClec

Frankie, MB. (16 de enero de 2020). *Resident Evil 4*, o cómo Capcom forjó el último gran Resident Evil tras dilapidar cinco prototipos. *Vida Extra*. https://www.vidaextra.com/cultura/resident-evil-4-como-capcom-forjo-ultimo-gran-resident-evil-dilapidar-cinco-prototipos

Freire, A. (2022). *Los antihéroes no nacen, se forjan. Arco argumental y storytelling en el relato antiheroico*. Editorial UOC.

Freire, A. (27 de julio de 2022). El mundo no soportará un nuevo superhéroe de cómic. *El Periódico*. https://www.elperiodico.com/es/entre-todos/20220726/etapa-antiheroica-comic-superheroes-articulo-alfonso-freire-sanchez-14169494

Freire-Sánchez, A.; Gracia-Mercadé, C. y Vidal-Mestre, M. (2022). De villano a antihéroe: La adaptación de la figura del lobo en el videojuego *The Wolf Among Us*. En G. Paredes-Otero (Ed.), *Narrativas y usuarios de la sociedad transmedia* (pp. 16-34). Dykinson.

Go! El Monitor Geek (12 de noviembre de 2021). ¿Qué es un antivillano? (Y sus 4 tipos). [Vídeo]. YouTube. https://www.youtube.com/watch?v=KuJ-SdhV5Zg

Go! El Monitor Geek (22 de diciembre de 2022). Existen 5 tipos de historias de superhéroes. [Vídeo]. YouTube. https://www.youtube.com/watch?v=_3OscntaSW4

Grandío, P. (2012). Análisis de *Spec Ops: The Line*. *Vandal*. https://vandal.elespanol.com/analisis/x360/spec-ops-the-line/11819#p-37

Heropsicología. (2020). Hellblade, un videojuego que te ayuda a entender la psicosis. https://www.heropsicologia.es/hellblade-un-videojuego-que-te-ayuda-a-entender-la-psicosis/

Hobby Consolas (19 de mayo de 2020). *The Last of Us Parte II*: Ellie, la madurez de una heroína. *Hobby Consolas*. https://www.hobbyconsolas.com/patrocinado/last-us-parte-ii-ellie-madurez-heroina-642333

REFERENCIAS DOCUMENTALES

Leiva, C. (8 de octubre de 2020). El origen de *Red Dead Redemption*: el juego de Capcom que Rockstar rescató. *Vandal*. https://bit.ly/3XxEjJL

Lovecraft, H. P. (2007). *Cuentos de los mitos de Cthulhu. Los orígenes*. Valdemar.

Maquiavello, J. (2 de julio de 2019). El caballero oscuro: el fin de la moralidad. [Vídeo]. YouTube. https://www.youtube.com/watch?v=Yxe-jm_OmSo

Molina, R. (8 de julio de 2022). Max Payne: el origen del *bullet time* en los videojuegos: una cátedra para hacer *shooters* en tercera persona y contar una buena historia. *LevelUP*. https://www.levelup.com/articulos/686776/Max-Payne-el-origen-del-bullet-time-en-los-videojuegos

Over the Byte (8 de febrero de 2021). Los *immersive sims* y el juego sistémico. [Vídeo]. YouTube. https://www.youtube.com/watch?v=AqsR5IdXlpk

Paredes Otero, G. (2020). El enemigo invisible: la sensibilización ante las enfermedades mentales a través de los videojuegos. *Barataria. Revista Castellano-Manchega De Ciencias Sociales*, 29, pp. 69-83. https://doi.org/10.20932/barataria.v0i29.565

Pazos64 (12 de enero de 2021). *Conker's Bad Fur Day*: El día que Conker perdió su sonrisa. [Vídeo]. YouTube. https://www.youtube.com/watch?v=EVJ230MO2V4

Psicólogo Ness (30 de diciembre de 2021). Psicólogo analiza a Geralt of Rivia, *The Witcher. La Guía*. [Vídeo]. YouTube. https://www.youtube.com/watch?v=-BbpGXU1xOk

Puerta al Sótano (26 de octubre de 2022). Bayonetta ¿Sexualización o crítica? La importancia de bayonetta y el empoderamiento femenino. [Vídeo]. YouTube. https://www.youtube.com/watch?v=XHQymQePsRk

Prat, J. (2020). El credo se ha extinguido. *Revista GTM*, 54, pp. 126-127.

Sánchez, A. (17 de junio de 2020). Así es Ellie, la heroína *millennial* que necesitaba el mundo de los videojuegos. *Cosmopolitan*. https://www.cosmopolitan.com/es/consejos-planes/familia-amigos/a32726339/ellie-the-last-of-us-parte-ii/

Sempere, J. Mª, (2010). *Darksiders* no vende según lo esperado según un analista. *Eurogamer*. https://www.eurogamer.es/darksiders-no-vende-segun-lo-esperado

Suárez, A. (2019). *El padre de las almas oscuras: Hidetaka Miyazaki a través de su obra*. STAR-T Magazine Books.

TopDoctors. (2020). Diccionario Médico: Psicosis. https://www.topdoctors.es/diccionario-medico/

Vidal-Mestre, M. y Freire Sánchez, A. (2022). Creadora, antiheroína y *gamer*: el triple rol de las nativas digitales en la industria del videojuego y sus redes sociales. En J. Olmo-Arriaga, C. Ruiz y M. Vázquez. *Mujeres y redes sociales*. EUNSA.

Vogler, Ch. (2002). *El viaje del escritor*. Ma Non Troppo.